El Princ

Edición Bilingüe Español/Inglés

The Little Prince

Spanish/English Bilingual Edition

Escrito por | Written by
Antoine de Saint-Exupéry

Traducción al español de
Hector Urbina

English translation by
David Wilkinson

SMALL
WORLD
PRESS

Acerca de la Traducción

La traducción de este libro sigue el sentido original de manera muy cercana, sin embargo permanece idiomática. Como tal, este libro puede ser utilizado para el estudio de ambas lenguas.

Disposición

Las frases en cada capítulo han sido numeradas al margen. Asimismo, los saltos de línea de párrafos horizontales y los caracteres en negritas ayudan a identificar con mayor rapidez el texto correspondiente en otra lengua.

Audio

Visite por favor nuestro sitio Internet (smallworld.press) para mayor información.

Instrucciones de uso

Centre sus estudios alrededor del material grabado. El habla es el medio nativo para expresar nuestra habilidades lingüísticas, y trabajar exhaustivamente con material audible es básico para internalizar las estructuras del lenguaje.

Los materiales con una traducción frase por frase son más fáciles de trabajar cuando se tiene algún conocimiento del lenguaje, o bien ya se conoce un lenguaje relacionado. Como principiante se debe escuchar con atención la grabación de audio de la lengua que se esté estudiando, utilizando la traducción del libro para aumentar la comprensión. Puede ser útil familiarizarse previamente con la traducción. Si ya se considera capaz, intente comprender tanto como sea posible a partir de la grabación, antes de referirse a la traducción para verificar el correcto rendimiento. Escuche la grabación por sí misma de vez en cuando. En tanto siga progresando, el lenguaje se volverá más familiar y transparente. La meta es llegar a un punto en el que se pueda entender el nuevo material por uno mismo.

About the Translation

The translation in this book follows the original text very closely in meaning, yet remains idiomatic. As such, this book can equally be used for the study of either language.

Layout

The sentences in each chapter have been numbered in the margin. Horizontal lines break up paragraphs, and the highlighting also helps to quickly identify the corresponding text in the other language.

Audio

Please see our website (smallworld.press) for further developments.

Instructions for Use

Center your studies around the recorded material. Speech is the native medium of our language facilities, and working extensively with audible material is central to internalising the structures of the language.

Materials with a sentence-by-sentence translation are easier to work with when you already have some knowledge of the language, or know a related language. As a beginner, you should listen attentively to the audio of the language you are studying, using the translation in the book to support comprehension. You may find it helpful to familiarise yourself with the translation beforehand. As you feel able, try to understand as much as you can from the recordings before referring to the translation to check comprehension. Listen to the recordings on their own sometimes. As you progress, the language will become more familiar and transparent. The goal is to reach a point where you can understand new material on your own.

Al enfocarse en consumir una gran cantidad de material, adquirimos palabras y estructuras al encontrarlas de forma repetidas, y se fija la prioridad en los ítems más frecuentes. Es mejor enfocarse en frases en vez de hacerlo en simples palabras. El conocimiento de cualquier palabra y su utilización mejorará si se utiliza en diferentes contextos lingüísticos. No se preocupe si no entiende siempre el funcionamiento gramatical de una frase. Con la suficiente práctica, previsiblemente se formará un entendimiento intuitivo de cómo el lenguaje codifica el significado. Ello no quiere decir que no se deba estudiar gramática, pero con atacar el lenguaje utilizando materiales adecuadamente elaborados, no es necesario un conocimiento detallado.

Asimismo, existen otras técnicas más activas que también se pueden probar. Éstas incluyen, repetir después de escuchar la grabación, transcribir el texto a mano, o traducir inversamente en texto hacia el lenguaje que está siendo estudiado (cuando sienta que está listo). Ponga atención en los sonidos del lenguaje, e imítelos lo mejor que pueda. Se recomiendo estudiar la fonética del lenguaje.

Recomiendo visitar smallword.press para más consejos y técnicas, listas de materiales recomendados y vínculos de Internet útiles.

By focusing on consuming a large volume of material, we acquire words and structures as we meet them repeatedly, and the most frequent items are naturally prioritised. It's better to focus on phrases, rather than individual words. Your knowledge of any particular word and its use will broaden as you meet it in different linguistic contexts. Don't be concerned if you don't always understand the grammatical workings of a sentence. With enough exposure, you will predictably form an intuitive understanding of how the language encodes meaning. That's not to say you shouldn't study grammar, but to engage with the language using suitably prepared materials, a detailed knowledge is not necessary.

There are other more active techniques you can also try. These include repeating after the recording, transcribing the text by hand, or reverse translating the text back into the language being studied (when you feel ready). Pay attention to the sounds of the language, and imitate them as best you can. Studying the phonetics of a language is encouraged.

I recommend you visit smallworld.press for more advice and techniques, lists of recommended materials, and useful links.

DEDICATORIA

1 Para León Werth

2 Pido perdón a los niños por haber dedicado este libro a una persona mayor. Tengo una buena excusa: esta persona mayor es el mejor amigo que tengo en el mundo.

4 Tengo otra excusa: esta persona mayor puede entenderlo todo, incluso los libros para niños. Tengo una tercera excusa: esta persona mayor vive en Francia, donde tiene hambre y frío. Necesita consuelo.

7 Si todas estas excusas no bastan, quisiera dedicar este libro al niño que alguna vez fue esta persona mayor. Todas las personas mayores fueron en primer lugar niños

9 (Pero pocas de éstas lo recuerdan). Corrijo entonces mi dedicatoria:

11 Para León Werth

12 cuando era niño.

DEDICATION

To Leon Werth

I apologise to the children for having dedicated this book to a grown-up. I have a good excuse: this grown-up is the best friend I have in the world. I have another excuse: this grown-up can understand everything, even books for children. I have a third excuse: this grown-up lives in France, where he is hungry and cold. He really needs to be comforted. If all these excuses are not enough, I would like to dedicate this book to the child that this grown-up used to be. All grown-ups have first been children. (But few of them remember it.) I thus correct my dedication:

To Leon Werth

when he was a little boy.

1 Cuando tenía seis años vi, alguna vez, una imagen increíble en un libro sobre la selva que se llamaba "Historias de la vida real". Se veía una serpiente boa engullendo una fiera. He aquí la copia del dibujo.

When I was six years old, I once saw a magnificent picture in a book about the primeval forest called 'Real-life Stories.' It showed a boa constrictor swallowing a wild animal. Here is a copy of the drawing.

4 Se decía en el libro: "Las serpientes boas engullen a su presa entera, sin masticarla. Luego entonces ya no pueden moverse y duermen durante los seis meses que tarda su digestión".

It said in the book: "Boa constrictors swallow their prey whole, without chewing it. Then they are no longer able to move, and they sleep for the six months it takes for digestion."

6 A partir de ese momento, medité mucho sobre las aventuras en la jungla y, a mi vez, logré trazar, con un lápiz de color, mi primer dibujo. Mi dibujo número 1.

So I thought a lot about the adventures of the jungle and, in turn, I managed, with a coloured pencil, to sketch my first drawing. My Drawing No. 1.

8 Era así:

It was like this:

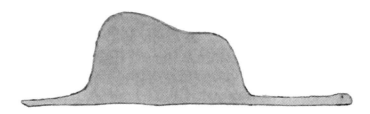

9 Mostré mi obra de arte a las personas mayores y les pregunté si mi dibujo les daba miedo.

I showed my masterpiece to the grown-ups and I asked them if my drawing frightened them.

10 Me respondieron: "¿Por qué habría de asustarme un sombrero?"

They answered me: "Why would a hat be frightening?"

11	Mi dibujo no representaba un sombrero. Representaba una serpiente boa que digería un elefante. Entonces dibujé el interior de la serpiente boa para que las personas mayores pudieran entender. Siempre necesitan explicaciones. Mi dibujo número 2 era éste:	My drawing did not depict a hat. It showed a boa constrictor digesting an elephant. I then drew the inside of the boa constrictor, so that the grown-ups could understand. They always need to have explanations. My Drawing No. 2 was like this:

16	Las personas mayores me aconsejaron dejar de lado los dibujos de serpientes boas abiertas o cerradas, e interesarme mejor por la geografía, la historia, el cálculo y la gramática. Fue así como abandoné a la edad de seis años una magnífica carrera como pintor.	The grown-ups advised me to set aside drawings of boa constrictors, open or closed, and to apply myself instead to geography, history, arithmetic and grammar. That's how I abandoned, at the age of six, a magnificent career as a painter.
18	Había sido disuadido por el fracaso de mi dibujo número 1 y de mi dibujo número 2. Los mayores no entienden nunca nada por sí solas, y es cansado, para los niños, darles siempre y siempre explicaciones.	I had been discouraged by the failure of my Drawing No. 1 and of my Drawing No. 2. Grown-ups never understand anything by themselves, and it's tiresome for children to always explain things for them again and again.
20	Tuve, por lo tanto, que elegir otra profesión y aprendí a pilotear aviones. He volado un poco por todo el mundo. Y la geografía, es verdad, me sirvió de mucho.	So I had to choose another profession, and I learned to fly airplanes. I flew pretty much everywhere in the world. And geography, it's true, has served me well.
23	Sabía distinguir, al primer vistazo, China de Arizona. Es muy útil si uno se extravía durante la noche.	I could recognise, at first glance, whether it was China or Arizona. It's very useful if you get lost during the night.
25	Tuve así, durante el transcurso de mi vida, un montón de contactos con un montón de gente seria.	I thus had, during the course of my life, a lot of contact with many persons of consequence.
26	He vivido mucho con personas mayores. Las he visto de cerca. Ello no mejoró demasiado mi opinión.	I have lived a lot among the grown-ups. I have seen them from close up. It hasn't much improved my opinion of them.
29	Cuando encontraba alguna que me pareciera un tanto lúcida, hacía el experimento con ella acerca de mi dibujo número 1 que siempre he conservado.	Whenever I met one that seemed a bit more clear-sighted, I tried the experiment of showing them my Drawing No. 1, which I've always kept.
30	Quería saber si podía entender verdaderamente. Pero siempre me respondía: "Es un sombrero" .	I wanted to know if he was really a person of true understanding. But he always responded: "It's a hat."

32 Entonces ya no le hablaba ni de serpientes boas, ni de selvas vírgenes, ni de estrellas. Me ponía a su nivel. Le hablaba de bridge, de golf, de política y de corbatas. Y la persona mayor se quedaba satisfecha de haber conocido un hombre tan razonable.

So I wouldn't speak to him about boa constrictors, nor about primeval forests, nor about the stars. I would put myself at his level. I would talk to him about bridge, golf, politics and neckties. And the grown-up was glad to know such a sensible man.

Capítulo II

1 Viví así, solo, sin nadie con quien hablar verdaderamente, hasta una avería en el desierto del Sahara, hace seis años. Algo estaba roto en mi motor.

3 Y como no traía conmigo ni mecánico ni pasajeros, me preparé para tratar de llevar a cabo, por mí mismo, una compostura difícil. Era para mí una cuestión de vida o muerte. Tenía apenas agua para beber durante ocho días.

6 Por lo tanto, la primera noche dormí sobre la arena a mil millas de cualquier tierra habitada. Estaba mucho más solo que un náufrago sobre una balsa en medio del océano. Entonces, comprenderán mi sorpresa, cuando, al despuntar la mañana, me despertó una extraña vocecita. Me decía:

10 — Por favor... ¡dibújame una oveja!

11 — ¡¿Qué?!

12 — Dibújame una oveja...

13 Me paré de un brinco como si me hubiera golpeado un rayo. Me froté bien los ojos. Observé bien.

16 Y vi a un pequeñín absolutamente extraordinario que me observaba con severidad. He aquí el mejor retrato que, más tarde, logré hacer de él.

18 Aunque mi dibujo, claro está, es mucho menos encantador que el original. No es mi culpa. Las personas mayores habían desalentado mi carrera de pintor a la edad de seis años, y no había aprendido a dibujar nada, excepto boas cerradas y boas abiertas.

21 Observaba entonces esta aparición con los ojos exorbitados de asombro. No olviden que me encontraba a mil millas de cualquier región habitada.

23 Y, sin embargo, mi pequeñín no parecía estar ni perdido, ni muerto de cansancio, ni muerto de hambre, ni muerto de sed, ni muerto de miedo. No tenía en absoluto la apariencia de un niño perdido en medio del desierto, a mil millas de cualquier región habitada. Cuando al fin pude hablarle, le dije:

26 — Pero... ¿Qué haces tú aquí?

Thus, I lived alone, without anyone I could truly talk to, until a breakdown in the Sahara desert, six years ago. Something had broken in my engine. And as I had with me neither a mechanic nor any passengers, I prepared myself to try and carry out, all alone, a difficult repair. For me it was a matter of life or death. I had hardly enough water to drink for eight days.

The first night I fell asleep on the sand, a thousand miles from any human habitation. I was more isolated than a shipwrecked sailor on a raft in the middle of the ocean. So you can imagine my surprise when at daybreak, a strange little voice woke me up. It said:

"Please... draw me a sheep!"

"What?"

"Draw me a sheep... "

I jumped to my feet as if I'd been struck by lightning. I rubbed my eyes. I took a good look. And I saw a quite extraordinary little fellow, who was examining me seriously. Here is the best portrait that I later managed to do of him. But my drawing, of course, is much less charming than its model. It's not my fault. I was discouraged in my career as a painter by the grown-ups, at the age of six, and I hadn't learned to draw anything, except closed boas and open boas.

So I stared at this sudden apparition wide eyed with astonishment. Remember that I was a thousand miles from any inhabited region. And yet my little fellow seemed neither lost, nor half-dead with fatigue, nor starved or dying of thirst or fear. He looked nothing like a child lost in the middle of the desert, a thousand miles from any inhabited region. When I finally managed to speak, I said:

"But... what are you doing here?"

27	Y repitió entonces, muy suavemente, como algo muy serio:	And then he repeated, very slowly, as if it were something of great consequence:
28	— Por favor... ¡dibújame una oveja...	"Please... draw me a sheep..."
29	Cuando el misterio es demasiado impresionante, uno no se atreve a desobedecer. Tan absurdo como esto me pareciera, a mil millas de cualquier lugar habitado y en peligro de muerte, saqué de mi bolsillo una hoja de papel y una pluma fuente. Pero recordé entonces que había estudiado sobre todo la geografía, la historia, el cálculo y la gramática y le dije al pequeño (un tanto malhumorado) que no sabía dibujar. Éste me respondió:	When a mystery is too overpowering, one dare not disobey. As absurd as it seemed to me, a thousand miles from any human habitation and at risk of dying, I took out of my pocket a sheet of paper and a pen. But then I remembered that I had mostly studied geography, history, arithmetic and grammar, and I told the little fellow (a little crossly) that I didn't know how to draw. He replied:
33	— No importa. Dibújame una oveja.	"It doesn't matter. Draw me a sheep."
35	Como nunca antes había dibujado una oveja volví a trazar, para él, uno de los dos únicos dibujos de los que era capaz. El de la boa cerrada. Y quedé estupefacto al escuchar al hombrecito contestar:	As I'd never drawn a sheep, I redid for him one of the only two drawings of which I was capable. The one of the closed boa. And I was astounded to hear the little fellow respond:
38	— ¡No! ¡No! No quiero un elefante dentro de una boa. Una boa es muy peligrosa y un elefante es muy estorboso. Mi hogar es muy pequeño.	"No! No! I don't want an elephant inside a boa. A boa is very dangerous, and an elephant is very cumbersome. Where I live everything is very small.
42	Necesito una oveja. Dibújame una oveja.	I need a sheep. Draw me a sheep."
44	Entonces dibujé.	So I drew.

45	Miró detenidamente y luego:	He looked carefully, then:
46	— ¡No! Ésta ya está muy enferma. Haz otra.	"No! That one's already very sick. Make another one."
49	Dibujé:	I drew:
50	Mi amigo sonrió amablemente, y con indulgencia:	My friend smiled gently and indulgently:
51	— Te das cuenta... no es una oveja, es un carnero.	"You can see yourself... this isn't a sheep, it's a ram.
52	Tiene cuernos...	It has horns... "

53	Y rehíce una vez más mi dibujo:
	So once again I redid my drawing:
54	Pero fue rechazado, como todos los anteriores:
	But it was rejected, like the previous ones:
55	— Ésta es demasiado vieja. Quiero una oveja que viva mucho tiempo.
	"That one's too old. I want a sheep that will live a long time."
57	Entonces, falto de paciencia, ya que tenía prisa por empezar a desmontar mi motor, garabatee el siguiente dibujo:
	So, lacking patience, as I was eager to start dismantling my engine, I hastily sketched this drawing:

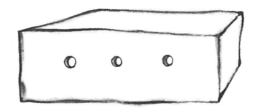

58	Y le dije:
	And I snapped:
59	— Ésta es la caja. La oveja que quieres está adentro.
	"This here is the box. The sheep you want is inside."
61	Pero me sorprendió ver iluminarse el rostro de mi joven juez:
	But I was very surprised to see the face of my young judge light up:
62	— ¡Es exactamente como la quería! ¿Crees que necesite mucha hierba esta oveja?
	"It's exactly how I wanted it! Do you think this sheep needs a lot of grass?"
64	— ¿Por qué?
	"Why?"
65	— Porque mi hogar es muy pequeño...
	"Because where I live everything is very small..."
66	— Bastará seguramente. Te dí una oveja muy pequeña.
	"There will certainly be enough. I gave you a very small sheep."
68	Inclinó la cabeza hacia el dibujo:
	He leaned his head towards the drawing:
69	— No tan pequeña... ¡Mira! Ya se durmió...
	"Not so small... Look! He's fallen asleep..."
72	Y fue así como conocí al principito.
	And that's how I made the acquaintance of the little prince.

1 Me hizo falta mucho tiempo para entender de dónde venía. El principito, que me hacía muchas preguntas, parecía no oír nunca las mías.

3 Fueron palabras pronunciadas al azar las que, poco a poco, me revelaron todo. Así, cuando vio por primera vez mi avión (no dibujaré mi avión, es un dibujo demasiado complicado para mí) me preguntó:

5 — ¿Qué es esa cosa?

6 — No es una cosa. Vuela. Es un avión. Es mi avión.

10 Y estaba orgulloso de hacerle saber que volaba.

11 Entonces exclamó:

12 — ¡Cómo! ¡Caíste del cielo!

13 — Sí —dije modestamente.

14 — ¡Ah! ¡Qué divertido...!

It took me a long time to find out where he came from. The little prince, who asked me many questions, never seemed to hear the ones that I had.

It was the words spoken by chance that, little by little, revealed everything to me. So, when he saw my airplane for the first time (I won't draw my airplane, it would be a drawing far too complicated for me), he asked me:

"What's that thing there?"

"It's not a thing. It flies. It's an airplane. It's my airplane."

And I was proud to have him know that I could fly. Then he cried:

"What? You fell from the sky!"

"Yes," I said modestly.

"Oh! That's funny!..."

15	Y el principito rompió en una hermosa carcajada que me irritó mucho. Me gusta que se tomen mis desgracias en serio. Y después agregó:	And the little prince broke into a lovely peal of laughter, which irritated me very much. I prefer people to take my misfortunes seriously. Then he added:
18	— Entonces ¡tú también vienes del cielo! ¿De qué planeta eres?	"So, you also come from the sky! What planet are you from?"
20	Vislumbré de inmediato un resplandor, dentro del misterio de su presencia, y le pregunté súbitamente:	Just then I spotted a glimmer of light in the mystery of his presence, and I asked abruptly:
21	— ¿Entonces vienes de otro planeta?	"So you come from another planet then?"
22	Pero no me respondió. Mecía suavemente la cabeza mientras observaba mi avión:	But he didn't answer me. He shook his head slowly while still looking at my airplane:
24	— Es verdad que en esta cosa no debes venir de muy lejos...	"Of course, on that thing, you can't have come from very far..."
25	Y se sumió en una ensoñación que duró un largo tiempo. Luego, sacando mi oveja del bolsillo, se sumergió en la contemplación de su tesoro.	And he drifted into a daydream which lasted a long while. Then, taking my sheep out of his pocket, he sank into the contemplation of his treasure.
27	Pueden imaginar qué tan intrigado pude estar a causa de esta especie de confesión acerca de "los otros planetas" Traté entonces de averiguar más:	You can imagine how I had been intrigued by this small disclosure about 'the other planets.' So I tried to find out more:
29	— ¿De dónde vienes, pequeño? ¿Dónde está tu "hogar"? ¿A dónde quieres llevarte mi oveja?	"Where are you from, my little fellow? Where's this home of yours? Where do you want to take my sheep off to?"
32	Me respondió después de un silencio meditabundo:	After a reflective silence he answered:
33	— Lo que está muy bien es la caja que me diste; es que de noche le servirá de casa.	"What's good about the box you've given me is that at night, he can use it as a house."
34	— Claro. Y si te portas bien, te daré también una cuerda para atarlo durante el día. Y una estaca.	"That's right. And if you're good, I'll give you a rope to tie him up during the day. And a stake."
37	Esta propuesta pareció disgustar al principito.	The offer seemed to shock the little prince:
38	— ¿Amarrarla? — ¡Qué idea más extraña!	"Tie him up? What a strange idea!"
40	— Si no la amarras, se irá por todas partes y se perderá.	"But if you don't tie him up, he'll wander off somewhere, and get lost."
41	Y mi amigo lanzó otra carcajada:	My friend broke into another peal of laughter:
42	— ¡Pero a dónde quieres que vaya!	"But where would you want him to go!"

43	— A cualquier parte. Hacia adelante...	"Anywhere. Straight ahead..."
45	Entonces el principito señaló seriamente:	Then the little prince said solemnly:
46	— No importa ¡Mi hogar es tan pequeño!	"That doesn't matter; everything is so small, where I live."
47	Y quizá, con un poco de melancolía, agregó:	And perhaps with a hint of sadness, he added:
48	— Hacia adelante uno no puede ir muy lejos...	"Straight ahead you can't go very far..."

CAPÍTULO IV

1 Aprendí así una segunda cosa muy importante: que su planeta de origen era apenas más grande que una casa.

2 Eso no podía sorprenderme demasiado. Bien sabía que fuera de los Grandes planetas como la Tierra, Júpiter, Marte, Venus, a los que les damos nombres, hay cientos de otros que son a veces tan pequeños que apenas se les puede percibir por el telescopio.

4 Cuando un astrónomo descubre unos de éstos, la da por nombre un número. Lo llama, por ejemplo: "el asteroide 325".

6 Tengo buenas razones para creer que el planeta de donde venía el principito es el asteroide B-612.

7 Dicho asteroide no ha sido visto más que una sola vez con un telescopio, en 1909, por un astrónomo turco.

8 Hubo entonces una gran muestra de su descubrimiento en un congreso internacional de astronomía.

9 Pero nadie le creyó a causa de su vestimenta. Así son las personas mayores.

CHAPTER IV

I had thus learned a second very important thing: that his home planet was barely bigger than a house!

It didn't surprise me much. I knew that, apart from the large planets like the Earth, Jupiter, Mars, and Venus, which have been given names, there are hundreds of others that are sometimes so small that one has great difficulty in spotting them through the telescope. When an astronomer discovers one of these, he gives it a number as a name. He names it for example "the asteroid 325."

I have serious reasons to believe that the planet from where the little prince came is the asteroid B-612. This asteroid has only been seen through a telescope once, in 1909, by a Turkish astronomer.

He had then given a big presentation on his discovery at an international astronomy congress. But nobody had believed him because of his outfit. Grown-ups are like that.

11 Afortunadamente, para la reputación del asteroide B-612, un dictador turco impuso a su pueblo, bajo pena de muerte, vestirse a la europea.

12 El astrónomo volvió a hacer su demostración en 1920 con un traje muy elegante. Y esta vez todo el mundo estuvo de acuerdo con él.

Fortunately for the reputation of Asteroid B-612, a Turkish dictator imposed on his people, on pain of death, that they dress in the European fashion. The astronomer gave his presentation again in 1920, in a very elegant suit. And this time everybody shared his views.

14 Si les he contado estos detalles acerca del asteroide B-612 y si les he dicho su número, esto se debe a las personas mayores. Las personas mayores aman los números. Cuando uno les habla acerca de un nuevo amigo, nunca nos preguntan lo esencial.

17 Nunca nos dicen: "¿Cuál es el sonido de su voz?

If I have told you these details about the asteroid B-612, and if I have revealed to you its number, it's because of the grown-ups. Grown-ups love numbers. When you talk to them about a new friend, they never ask you about any of the important things. They never ask you: "How does his voice sound?

¿Cuáles son sus juegos preferidos? ¿Acaso colecciona mariposas?" Ellas nos preguntan: "¿Qué edad tiene? ¿Cuántos hermanos tiene? ¿Cuánto pesa? ¿Cuánto gana su papá?" Sólo entonces ellas creen conocerlo. Si le dicen a las personas mayores: "He visto una hermosa casa de ladrillos rosa, con geranios en las ventanas y palomas sobre el techo...", ellas no logran imaginar esa casa. Hay que decirles: "He visto una casa de cien mil francos". Entonces exclaman: "¡Qué hermosa!"

Así, si usted les dice: "La prueba de que el principito existió es que era encantador, que reía y que quería una oveja. Cuando uno quiere una oveja, es la prueba de que uno existe", ¡ellas encogerán los hombros y lo tratarán como a un niño! Pero si usted les dice: "El planeta de donde venía es el asteroide B-612", entonces quedarán convencidas, y lo dejarán en paz con sus preguntas. Así son ellas. Deben ser indulgentes con ellas. Los niños deben ser muy indulgentes con las personas mayores.

Pero, claro está que nosotros los que entendemos la vida ¡nos importa un rábano los números! Me habría gustado empezar esta historia a la manera de un cuento de hadas. Me habría gustado decir:

"Había una vez un principito que vivía en un planeta apenas más grande que él y que necesitaba un amigo..." Para aquellos que entienden la vida, habría parecido mucho más real.

Porque no me gusta que uno lea mi libro a la ligera. Siento tanta tristeza al narrar estos recuerdos. Hace seis años ya que mi amigo se fue con su oveja. Si aquí trato de describirlo, es para no olvidarlo. Es triste olvidar a un amigo. No todo el mundo ha tenido un amigo. Y puedo volverme como las personas mayores a quienes no les interesan más que los números. Por eso también me compré una caja de acuarelas y unos lápices de colores. Es difícil ponerse a dibujar de nuevo a mi edad, cuando no se ha ensayado más que una boa cerrada y una boa abierta ¡a la edad de seis años!

What games does he like best? Does he collect butterflies?" They ask: "How old is he? How many brothers does he have? How much does he weigh? How much money does his father make?" Only then do they think they know him. If you say to the grown-ups: "I saw a beautiful pink brick house with geraniums by the windows and doves on the roof...," they aren't able to picture this house in their minds. You'd have to tell them: "I saw a one hundred thousand franc house." And they'd exclaim: "How pretty!"

So if you say to them: "The proof that the little prince existed is that he was charming, he laughed, and he wanted a sheep. When someone wants a sheep, that proves they exist," they will shrug their shoulders and treat you like a child. But if you say to them: "The planet he came from is the Asteroid B-612", they will then be convinced, and leave you in peace and spare you their questions. They're like that. Don't be angry with them. Children should be very forgiving towards the grown-ups.

But, of course, those of us who understand life, we don't much care for numbers! I would have liked to begin this story in the same way as a fairy tale. I would have liked to say:

"Once upon a time, there was a little prince who lived on a planet not much bigger than himself, and who needed a friend..." For those who understand life, it would have seemed much more real.

For I don't want my book to be read lightly. I feel so much sadness in recounting these memories. It has already been six years since my friend left with his sheep. If I try to describe him here, it's so as not to forget him. It's sad to forget a friend. Not everyone has had a friend. And I could become like the grown-ups who are interested in nothing but numbers. It is then because of this too that I have bought a box of paints and some pencils. It's hard to take up drawing again at my age, when one has never made any attempt other than that of the closed boa, and that of the open boa, at the age of six!

48	Trataré, claro está, de hacer los retratos lo más parecidos posible. Pero no estoy muy seguro de lograrlo.	I'll try, of course, to make my portraits as lifelike as possible. But I'm not quite sure I'll succeed.
50	Un dibujo está bien, pero el siguiente ya no se parece.	One drawing goes well; another is no longer lifelike.
51	También me equivoco un poco sobre la estatura. Aquí el principito está demasiado grande. Aquí, está demasiado pequeño. Dudo asimismo acerca del color de su traje. Entonces tanteo por aquí y por allá, mal que bien. Me equivocaré finalmente en ciertos detalles más importantes. Pero eso, habrán de perdonármelo.	I also get the size a bit wrong. Here the little prince is too big. There he's too small. I'm also not sure about the colour of his outfit. So I fumble along somehow, as best I can. In the end, I will make mistakes on certain more important points too. But you'll have to forgive me for that.
58	Mi amigo no daba nunca explicaciones. Acaso me creía igual a él. Pero yo, lamentablemente, no sé ver ovejas a través de las cajas. Soy quizá un poco como las personas mayores. Tal vez envejecí.	My friend never gave explanations. Perhaps he thought I was just like him. But I, unfortunately, don't know how to see sheep through boxes. Perhaps I'm a bit like the grown-ups. I must have gotten older.

### Capítulo V	### Chapter V

<table>
<tr>
<td>1</td>
<td>Cada día aprendía algo acerca del planeta, la partida, el viaje. Llegaba sin prisa, casualmente en las reflexiones. Fue así como, el tercer día, me enteré del drama de los baobabs.</td>
<td>Every day I learned something about his planet, about the departure, and about the trip. It came slowly, as his thoughts wandered. It was in this way that, on the third day, I came to know of the tragedy of the baobabs.</td>
</tr>
<tr>
<td>4</td>
<td>Está vez también fue por causa de la oveja, ya que súbitamente el principito me preguntó, como asaltado por una duda importante:</td>
<td>This time again it was thanks to the sheep, because the little prince asked me abruptly, as if seized by a grave doubt:</td>
</tr>
<tr>
<td>5</td>
<td>— ¿Es verdad, no es cierto, que las ovejas comen arbustos?</td>
<td>"It's true, isn't it, that sheep eat shrubs?"</td>
</tr>
<tr>
<td>6</td>
<td>— Sí. Es cierto.</td>
<td>"Yes. It's true."</td>
</tr>
<tr>
<td>8</td>
<td>— ¡Ah! ¡Me alegra!</td>
<td>"Oh! I am glad!"</td>
</tr>
<tr>
<td>9</td>
<td>No comprendí por qué era tan importante que las ovejas comieran arbustos. Pero el principito añadió:</td>
<td>I didn't understand why it was so important that sheep ate shrubs. But the little prince added:</td>
</tr>
<tr>
<td>11</td>
<td>— ¿Por consiguiente también comen baobabs?</td>
<td>"Then it follows they also eat baobabs?"</td>
</tr>
<tr>
<td>12</td>
<td>Hice notar al principito que los baobabs no son arbustos, sino árboles tan grandes como iglesias y que, incluso si se llevaba consigo toda una manada de elefantes, esa manada no podría acabar con un solo baobab.</td>
<td>I pointed out to the little prince that baobabs are not shrubs, but trees as big as churches, and that even if he took with him a whole herd of elephants, the herd wouldn't manage to finish up one single baobab.</td>
</tr>
<tr>
<td>13</td>
<td>Imaginar una manada de elefantes hizo reír al principito:</td>
<td>The idea of the herd of elephants made the little prince laugh:</td>
</tr>
<tr>
<td>14</td>
<td>Habría que ponerlos uno sobre otro...</td>
<td>"They'd have to be piled up on top of each other..."</td>
</tr>
</table>

15	Sin embargo, dijo con sabiduría:	But he remarked wisely:
16	— Los baobabs, antes de crecer, empiezan por ser pequeños.	"The baobab trees, before they get bigger, they start off small."
17	— ¡Es verdad! ¿Pero por qué quieres que las ovejas se coman los pequeños baobabs?	"That's right! But why do you want your sheep to eat the little baobabs?"
19	Éste me respondió: "¡Pero! ¡Qué pregunta!" Como si se tratara de algo evidente. Y tuve que hacer un gran esfuerzo de inteligencia para entender yo solo este problema.	He replied: "Oh, come on!," as if it were obvious. And it took me a great mental effort to understand this problem on my own.
22	Y es que, en efecto, en el planeta del principito, había como en todos los planetas, hierbas buenas y hierbas malas. Y por consiguiente buenas semillas de hierbas buenas y malas semillas de hierbas malas.	And indeed, on the planet of the little prince there were, like on all planets, both good plants and bad plants. And therefore, both good seeds from good plants and bad seeds from bad plants.
24	Pero las semillas son invisibles. Duermen bajo el secreto de la tierra hasta que alguna tenga la fantasía de despertarse. Entonces se estira, y primero hace crecer tímidamente hacia el sol un hermoso e inofensivo brote. Si se trata de un brote de rábano o de rosal, se le puede dejar crecer como ella quiera.	But seeds are invisible. They sleep in the secrecy of the earth until, on a whim, one of them decides to wake up. Then it elongates and grows, timidly at first, toward the sun: a charming little harmless sprig. If it's a sprig of radish or rose bush, you can let it grow as it likes.
28	Pero si se trata de una planta mala, hay que arrancar la planta de inmediato, tan pronto como se le identifique. Y de hecho había semillas terribles en el planeta del principito... eran semillas de baobabs.	But if it's a bad plant, one must pull the plant out straight away, as soon as it can be recognised. Now there were some terrible seeds on the planet of the little prince... there were the seeds of baobab trees.
30	El suelo del planeta estaba infestado de éstas. Y un baobab, si uno actúa demasiado tarde, uno no puede nunca más librarse de él. Abarrota todo el planeta.	The soil of the planet was infested with them. A baobab, if you go about it too late, can never ever be gotten rid of. It takes over the entire planet.
33	Lo perfora con sus raíces. Y si el planeta es demasiado pequeño, y los baobabs son demasiado numerosos, lo hacen estallar.	It pierces it with its roots. And if the planet is too small, and if there are too many baobabs, they shatter it to pieces.
35	"Es un asunto de disciplina, me dijo más tarde el principito. Cuando uno acaba de asearse por la mañana, hay que hacer cuidadosamente el aseo del planeta.	"It's a matter of discipline," the little prince told me later. "After grooming oneself in the morning, the planet must be carefully groomed.
37	Hay que obligarse a arrancar los baobabs tan pronto como se distinguen de los rosales, a los que se parecen mucho cuando son muy pequeños. Es un trabajo engorroso pero fácil".	You must impose yourself regularly to pull up the baobabs as soon as they can be told apart from the rose bushes, to which they look very similar when they are very young. It's a very boring job, but very easy."

39 Y un día me aconsejó esmerarme para logar un buen dibujo, para que les quedara claro a los niños de donde vivo. "Si algún día viajan, me decía, esto puede servirles. A veces no tiene consecuencias postergar el trabajo. Pero si se trata de baobabs, siempre es una catástrofe. Conocí un planeta habitado por un perezoso. Había descuidado tres arbustos… ".	And one day he suggested that I apply myself to making a beautiful drawing, to get this all into the heads of the children, where I lived. "If one day they travel," he said to me, "it could come in useful. Sometimes there's no harm in postponing one's work. But in the case of baobabs, it's always a catastrophe. I used to know a planet inhabited by a lazy person. He had neglected three shrubs…"
45 Y, con las indicaciones del principito, dibujé aquel planeta. No me gusta nada adoptar el tono de un moralista.	And based on what the little prince told me, I drew this planet. I don't at all like to sound like a moralist.
47 Pero el peligro de los baobabs es tan poco conocido, y los riesgos que correría aquel que se extraviara en un asteroide son tan considerables, que, por una sola vez, hago una excepción a mis reservas. Digo: "¡Niños!	But the danger of the baobabs is so little known, and the risks run by he who gets lost on an asteroid are so great that, this one time, I am making an exception to my normal reserve. I say: "Children!

49 ¡Tengan cuidado con los baobabs! " Fue para advertir a mis amigos acerca de un peligro que los acechaba desde hacía mucho tiempo, como yo, sin saberlo, para lo cual trabajé tanto este dibujo. La enseñanza que aportaba valía la pena. Ustedes se preguntarán quizá: ¿Por qué no hay, en este libro, otros dibujos tan grandiosos como el dibujo de los baobabs?

53 La respuesta es simple: Lo intenté, pero no lo logré. Cuando dibujé los baobabs me animaba el sentimiento de la urgencia.

Beware of baobabs!" It's to warn my friends of a danger they've long been skirting, as I have, without knowing it, that I have worked so hard on that drawing. The lesson I gave was worth the effort. You might be wondering: Why is it that in this book there aren't any other drawings as impressive as the drawing of the baobabs? The answer is very simple: I tried but I wasn't able to succeed. When I drew the baobabs I was spurred on by a sense of urgency.

Capítulo VI

1 ¡Ay, principito! Comprendí así, poco a poco, tu pequeña vida melancólica. No tuviste como diversión, durante mucho tiempo, más que la dulzura de las puestas de sol. Me enteré de este nuevo detalle, el cuarto día por la mañana, cuando me dijiste:

4 — Me gustan las puestas de sol. Vayamos a ver una puesta de sol...

6 — Pero hace falta esperar...

7 — ¿Esperar qué?

8 — Esperar a que se ponga el sol.

9 Parecías sorprendido primero, y luego te reíste de ti mismo. Y me dijiste:

11 — ¡Siempre me creo en casa!

12 En efecto. Cuando es mediodía en los Estados Unidos, el sol —todo el mundo lo sabe— se pone en Francia.

14 Bastaría con poder ir a Francia en un minuto para asistir a la puesta de sol. Desafortunadamente, Francia está demasiado lejos. Pero en tu pequeño planeta, te bastaba con arrimar tu silla unos pasos.

17 Y observabas el crepúsculo cada vez que lo deseabas....

18 — Un día vi ponerse el sol ¡cuarenta y cuatro veces!

Chapter VI

Oh! Little prince, in this way I came to understand, bit by bit, your little sad life. For a long time, your only entertainment was the softness of the sunsets. I learned this new detail on the fourth day, in the morning, when you said to me:

"I really like sunsets. Let's go and see a sunset now..."

"But you have to wait..."

"Wait for what?"

"Wait until the sun goes down."

You seemed very surprised at first, and then you laughed at yourself. And you said:

"I think myself at home still!"

Indeed. When it's noon in the United States, the sun, as everybody knows, is setting over France. It would suffice to be able to go to France in one minute to be able see the sunset. Unfortunately, France is much too far away. But on your tiny planet, all you needed was to pull your chair a few steps. And you would watch the twilight every time you wanted...

"One day I saw the sun set forty-four times!"

19	Y más tarde agregabas:	And a little later you added:
20	— ¿Sabes? Cuando uno está tan triste, uno ama las puestas de sol…	"You know… when you're so sad, you love sunsets…"
21	— El día de las cuarenta y cuatro veces ¿acaso estabas tan triste?	"The day with the forty-four times, were you really that sad then?"
22	Pero el principito no me respondió.	But the little prince didn't reply.

CAPÍTULO VII

1 El quinto día, siempre gracias a la oveja, me fue revelado este secreto de la vida del principito.

On the fifth day, again thanks to the sheep, this secret of the little prince's life was revealed to me.

2 Me preguntó bruscamente, sin preámbulo, como el fruto de un problema largamente meditado en silencio.

He asked abruptly, without any prior indications, as if it were the fruit of a question long pondered in silence:

3 — Una oveja, si come arbustos ¿se come también las flores?

"A sheep, if it eats shrubs, does it eat flowers too?"

4 — Una oveja se come todo lo que encuentra.

"A sheep eats everything that it finds."

5 — ¿Incluso las flores que tienen espinas?

"Even flowers that have thorns?"

6 — Sí. Incluso las flores que tienen espinas.

"Yes. Even flowers that have thorns."

8 — Entonces las espinas ¿para qué sirven?

"What are the thorns for then?"

9 No lo sabía. En ese momento estaba muy ocupado tratando de desatornillar un perno demasiado apretado de mi motor. Yo estaba muy preocupado pues mi avería empezaba a parecerme muy grave y el agua para beber que se agotaba me hacía temer lo peor.

I didn't know. At that moment I was very busy trying to unscrew an overtightened bolt in my engine. I was very worried, as my breakdown was beginning to seem very serious, and the drinking water, that was running out, made me fear the worst.

12 — Las espinas ¿para qué sirven?

"What are the thorns for?"

13 El principito no renunciaba nunca a una pregunta después de haberla planteado. Estaba irritado por mi perno y respondí cualquier cosa:

The little prince never let go of a question, once he had asked it. I was upset over the bolt and I answered just anything:

15 — ¡Las espinas no sirven para nada; es pura maldad de las flores!

"The thorns are of no use at all; it's just pure meanness on the part of the flowers!"

16 — ¡Oh!

"Oh!"

17 Pero tras un silencio me dijo con una suerte de rencor:

But after a moment of silence, he exclaimed with a kind of resentment:

18 — ¡No te creo! Las flores son débiles. Son inocentes.
21 Se tranquilizan como pueden. Se creen terribles con sus espinas...

"I don't believe you! Flowers are weak. They're naïve. They reassure themselves as best they can. They think themselves dreadful with their thorns..."

23 No contesté nada. En ese momento me decía: "Si este perno resiste más, lo haré brincar de un martillazo". El principito volvió a perturbar mis reflexiones:

I made no reply. At that moment I was thinking to myself: "If this bolt keeps resisting, I'll knock it out with the strike of hammer." The little prince again interrupted my thoughts:

26 — ¿Y crees tú que las flores...

"And you actually believe that flowers—"

27	— ¡Claro que no! ¡Claro que no! ¡No creo nada! Contesté cualquier cosa. ¡Yo me preocupo por cosas serias!	"No! No! I don't believe any of it! I answered just anything. I, myself, am busy with matters of consequence!"
32	Me miraba estupefacto.	He looked at me, stunned.
33	— ¡De cosas serias!	"Matters of consequence!"
34	Me miraba, con el martillo en la mano y los dedos negros de grasa, inclinado sobre un objeto que le parecía muy feo.	He saw me, my hammer in hand and my fingers black with grease, leaning over an object that seemed to him very ugly.
35	— ¡Hablas como las personas mayores!	"You talk just like the grown-ups!"
36	Me dio vergüenza. Pero, implacable, agregó:	That made me rather ashamed. But, relentlessly, he continued:
38	— ¡Confundes todo...! ¡Todo lo enredas!	"You confuse everything... you mix everything up!"
39	Estaba realmente muy enojado. Sacudía al viento sus cabellos extremadamente dorados:	He was really very angry. He shook his golden curls in the breeze:
41	— Conozco un planeta donde hay un hombre con la piel roja. Jamás ha respirado una flor. Jamás ha mirado una estrella. Jamás ha amado a nadie.	"I know a planet where there is a red-faced man. He has never smelled a flower. He has never looked at a star. He has never loved anyone.
45	Nunca ha hecho otra cosa más que sumas. Y todo el día repite como tú: "¡Soy un hombre serio! "¡Soy un hombre serio! Y eso lo hace llenarse de orgullo. ¡Pero no es hombre; es un champiñón!	He has never done anything but sums. And all day long, like you, he repeats: 'I am a man of consequence! I am a man of consequence!' And that makes him swell up with pride. But this is not a man, he's a mushroom!"
48	— ¿Un qué?	"A what?"
49	— ¡Un champiñón!	"A mushroom!"
50	El principito estaba ahora todo pálido de rabia.	The little prince was now white with rage.
51	— Hace millones de años que las flores fabrican espinas... — Hace millones de años que las ovejas se comen de todos modos las flores. ¿Y no es serio tratar de entender por qué se molestan tanto en fabricarse espinas que no sirven para nada?	"Flowers have been producing thorns for millions of years. For millions of years, the sheep have eaten the flowers anyway. And it's not a matter of consequence to try to understand why they take so much trouble to produce thorns which are never of any use?
54	¿No es importante la guerra entre las ovejas y las flores?	Is the war of the flowers and the sheep not important?

55	¿No es más serio e importante que las sumas de un señor gordo y rojo? ¿Y si conozco yo una flor única en el mundo, que no existe en ninguna parte, excepto en mi planeta, y que una oveja puede aniquilar de un solo golpe, así, una mañana, sin darse cuenta de lo que hace, no es importante eso?	Is it not of more consequence and more important than the sums of a fat red-faced man? And if I myself know of a flower unique in the entire world, which is found nowhere but on my planet, and that a little sheep can destroy with a single blow, just like that, one morning, without realising what he's doing, is that not important?"
57	Se ruborizó y luego retomó:	He blushed, and continued:
58	— Si alguien ama una flor de la que no existe más que un ejemplar entre millones y millones de estrellas, eso basta para que sea feliz cuando la mire.	"If someone loves a flower of which just one specimen exists amongst the millions and millions of stars, it's enough to make him happy when he looks at them.
59	Se dice a sí mismo: "Mi flor está allí en alguna parte..."	He can say: 'My flower is out there somewhere...'
60	¡Pero si la oveja se come la flor, para él es como si, súbitamente, todas las estrellas se apagaran! ¡Y eso no es importante!	But if the sheep eats the flower, for him it's as if suddenly all the stars had gone out! And that's not important!?"
62	No pudo decir nada más. Estalló súbitamente en sollozos. Había caído la noche. Yo había soltado mis herramientas. No me importaba mi martillo, mi perno, la sed o la muerte. Había en una estrella, en un planeta, el mío, la Tierra, un principito que consolar.	He couldn't say anything more. He suddenly burst into tears. Night had fallen. I had put down my tools. I didn't care about my hammer, my bolt, or thirst, or death. There was on a star, a planet, my planet, Earth, a little prince to be comforted!
68	Lo tomé en mis brazos. Lo arrullé. Le dije: "La flor que amas no está en peligro... Le dibujaré un bozal a tu oveja... Te dibujaré una armadura para tu flor... Te...". No sabía qué diantres decir.	I took him in my arms. I rocked him. I said: "The flower that you love isn't in danger... I'll draw you a muzzle for your sheep... I'll draw you some armor for your flower... I..." I wasn't quite sure what to say.
74	Me sentía muy incómodo. No sabía cómo llegar a él, o cómo alcanzarlo... Es tan misterioso, el país de las lágrimas.	I felt very awkward. I didn't know how to reach him, where to find him... It's so secretive, the land of tears.

Capítulo VIII

1 Aprendí muy rápido a conocer mejor esa flor.

2 Siempre había habido, en el planeta del principito, flores muy simples, adornadas con una sola hilera de pétalos, y que no ocupaban lugar, y que no molestaban a nadie. Aparecían una mañana entre la hierba y luego se apagaban por la noche.

4 Pero ésta había germinado un día, de una semilla traída de quién sabe donde, y el principito había vigilado muy de cerca este brote que no se parecía a los demás brotes. Podría ser un nuevo tipo de baobab. Pero el arbusto dejó de crecer rápidamente, y empezó a preparar una flor.

7 El principito, que presenciaba el crecimiento de un enorme botón, presentía con justa razón que daría lugar a una aparición milagrosa, pero la flor no acababa de ponerse bella, al abrigo de su verde recámara.

8 Escogía con cuidado sus colores. Se vestía lentamente; ajustaba uno a uno sus pétalos. No quería salir toda arrugada como las amapolas.

11 No quería mostrarse más que en el pleno esplendor de su belleza. — ¡Y Sí! ¡Estaba muy coqueta!

14 Su misterioso acicalado había durado días y días. Y he aquí que una mañana, justamente a la hora en que se levanta el sol, había hecho su aparición.

16 Y ella, que había trabajado con tanto esmero, dijo bostezando:

17 — ¡Ah! Apenas me despierto... Le ofrezco una disculpa... Estoy toda despeinada...

20 Entonces el principito no pudo contener su admiración:

21 — ¡Qué bella es usted!

I very quickly learned to know this flower better. There had always been very simple flowers on the planet of the little prince, decorated with a single row of petals, that didn't take up any space, and didn't bother anyone. They would appear one morning in the grass, and in evening they'd fade away. But this one had sprouted one day, from a seed blown in from who knows where, and the little prince had watched very closely this sprout that didn't look like the other sprouts. It could have been a new kind of baobab. But the shrub soon stopped growing and began to produce a flower. The little prince, who witnessed the appearance of a huge bud, felt clearly that a miraculous apparition must emerge from it, but the flower never finished preparing for her future beauty, safe in her green chamber. She chose her colours carefully. She dressed slowly; she arranged her petals one by one. She did not want to come out all rumpled, like the poppies. She only wanted to appear in the full radiance of her beauty. Oh yes! She was a very flirtatious creature! Her mysterious adornment had thus lasted for days and days. Then it happened that one morning, exactly at sunrise, she had shown herself.

And, having worked with such precision, she said with a yawn:

"Oh! I have only just woken up... I do apologize... I am not yet presentable"

The little prince couldn't contain his admiration:

"You're so beautiful!"

22	— ¿Verdad que sí? —respondió lentamente la flor. Y nací al mismo tiempo que el sol...	"Am I not?" the flower responded, softly. "And I was born at the same moment as the sun..."
24	El principito supuso correctamente que no era demasiado modesta ¡pero era tan conmovedora!	The little prince correctly guessed that she wasn't very modest, but how ravishing she was!
25	— Creo que es la hora del desayuno, había agregado, sería usted tan bondadoso como para pensar en mí...	"It's time, I think, for breakfast," she had soon added, "If you would have the kindness to think of my needs..."
26	Y el principito, todo nervioso, habiendo buscado una regadera de agua fresca, había atendido a la flor.	And the little prince, completely abashed, having gone to look for a sprinkling can of fresh water, tended to the flower.

27	Así, lo había atormentado rápidamente con su vanidad un tanto susceptible. Un día, por ejemplo, hablando de sus cuatro espinas, le había dicho al principito:	And like that, she had soon tormented him with her vanity, which was somewhat delicate. One day, for example, whilst talking about her four thorns, she had told the little prince:
29	— ¡Que vengan los tigres con sus garras!	"Let them come, the tigers, with their claws!"

30	No hay tigres en mi planeta —había objetado el principito— y además los tigres no comen hierba.	"There aren't any tigers on my planet," the little prince had objected, "and tigers don't eat grass."
31	— No soy una hierba —había respondido lentamente la flor.	"I am not a grass," the flower replied softly.
32	— Perdóneme usted...	"Please forgive me..."
33	— No le temo a los tigres, pero me dan horror las corrientes de aire. ¿No tendría usted un biombo?	"I do not fear tigers, but I detest drafts. You wouldn't happen to have a screen?"
35	"Le dan horror las corrientes de aire... Es mala suerte para una planta —observó el principito. Esta flor es muy complicada...".	"Detests drafts... that's bad luck for a plant," the little prince had remarked. "This flower is very complicated..."

37	Durante la noche me pondrá usted bajo una campana. Hace mucho frío en su casa. Está mal ubicada.	"In the evening you will put me under a dome. It is very cold where you live. It's poorly arranged.
40	De donde yo vengo...	Where I come from..."
41	Pero se había quedado muda. Había llegado en forma de semilla. No había podido conocer nada de otros mundos. Humillada por haberse dejado sorprender preparando una mentira tan ingenua, había tosido dos o tres veces, para poner al principito en aprietos:	But she had interrupted herself. She had come in the form of a seed. She couldn't have known anything of other worlds. Humiliated by having allowed herself to be caught fabricating such a naïve lie, she had coughed two or three times to put the little prince in the wrong.
45	— ¿Y ese biombo?	"The screen...?"
46	—Iba a buscarlo, pero usted me estaba hablando.	"I was going to look for it but you were talking to me!"
47	Entonces forzó su tos para infligirle, de todas formas, un remordimiento.	Then she forced a cough to impose on him remorse all the same.

48 Así, el principito, a pesar de la sinceridad de su amor, había sospechado rápidamente de ella. Había tomado en serio palabras sin importancia, y se había vuelto muy infeliz.

50 "No debí haberla escuchado —me dijo un día; No hay que escuchar jamás a las flores. Hay que mirarlas y olerlas. La mía perfumaba mi planeta, pero no sabía disfrutarlo. Ese cuento de garras, que me había fastidiado tanto, debió enternecerme...".

54 Me dijo aún más:

55 "¡No supe comprender nada en ese entonces!
56 Debí haberla juzgado por sus actos y no por sus palabras. Ella me perfumaba y me iluminaba.
58 ¡Nunca debí haber huido! Debí haber adivinado su ternura detrás de sus inocentes tretas.
60 ¡Son tan contradictorias las flores! Pero era demasiado joven para saber amarla".

So the little prince, despite the good will of his love, had soon come to doubt her. He had taken seriously words of no importance, and had become very unhappy.

"I shouldn't have listened to her," he told me one day, "you should never listen to the flowers. We must look at them and inhale their scent. Mine filled my planet with fragrance, but I didn't know how to take pleasure in it. This business of the claws, which had annoyed me so much, should only have filled me with tenderness..."

He continued his confidences:

"Just then I didn't know how to understand! I should have judged her by her acts and not by her words. She enveloped me with her fragrance and light. I should never have run away! I should have guessed the tenderness behind her poor little stratagems. Flowers are so contradictory! But I was too young to know how to love her."

Capítulo IX

1 Creo que aprovechó, para su fuga, una migración de pájaros salvajes. La mañana de su partida, puso su planeta en orden. Deshollinó cuidadosamente los volcanes activos. Poseía dos volcanes activos. Y era muy conveniente para calentar el desayuno por la mañana. Asimismo, poseía un volcán apagado. Pero, como bien decía: "¡Uno nunca sabe!" Así que deshollinó el volcán apagado también.

9 Si están bien deshollinados, los volcanes arden suave y constantemente, sin erupciones. Las erupciones volcánicas son como fuegos de chimenea. Evidentemente en nuestra tierra somos demasiado pequeños para deshollinar nuestros volcanes. Por eso nos causan tantos problemas.

13 El principito arrancó también, con un poco de melancolía, los últimos brotes de baobabs. Creía que nunca tendría que regresar. Pero de todas estas tareas domésticas le perecieron, aquella mañana, extremadamente agradables. Y, cuando regó por última vez la flor, y se preparó para ponerla a salvo bajo su campana, descubrió que tenía ganas de llorar.

17 — Adiós, le dijo a la flor.

18 Pero ella no le respondió.

19 — Adiós, le repitió.

20 La flor tosió. Pero no era a causa de su resfriado.

22 — Fui una tonta —le dijo finalmente. Te pido perdón. Trata de ser feliz.

25 Le sorprendió la falta de reproches. Se quedó desconcertado, con la campana en la mano. No entendía esa tranquila dulzura.

28 — En efecto, yo te amo —le dijo la flor. Nunca te enteraste, por mi culpa. No tiene importancia.
31 Pero tú fuiste tan tonto como yo. Trata de ser feliz... Suelta esa campana. Ya no la quiero.

35 — Pero el viento...

I think that for his escape he took advantage of a migration of a flock of wild birds. On the morning of his departure he put his planet in perfect order. He carefully swept out his active volcanoes. He owned two active volcanoes. It was very convenient for heating his breakfast in the morning. He also owned an extinct volcano. But, as he used to say, "You never know!" So he swept out the extinct volcano, too. If they are well swept, volcanoes burn slowly and steadily, without any eruptions. Volcanic eruptions are like chimney fires. Of course, on our earth we're much too small to sweep out our volcanoes. That's why they cause us no end of trouble.

The little prince also pulled up, with a hint of sadness, the last baobab shoots. He thought he would never have to come back. But all these familiar tasks seemed to him, on that morning, very sweet. And when he watered the flower one last time, and prepared to shelter her under her dome, he found himself close to tears.

"Goodbye," he said to the flower.

But she didn't answer.

"Goodbye," he said again.

The flower coughed. But it was not because of her cold.

"I have been foolish," she told him finally. "I ask your forgiveness. Try to be happy."

He was surprised by the absence of reproaches. He stood there bewildered, the dome in mid-air. He didn't understand this quiet sweetness.

"Of course I love you," the flower said to him. "It's my fault that you didn't know. That is of no importance. But you have been just as foolish as I have. Try to be happy... Let the dome be. I do not want it anymore."

"But the wind—"

36 — No estoy tan resfriada... El aire fresco de la noche me hará bien. Soy una flor.

39 — Pero y las bestias...

40 — Tengo que soportar dos o tres orugas si quiero conocer las mariposas. Parece que son muy bellas. Si no ¿quién me visitará? Tú estarás lejos. En cuanto a las grandes bestias, no temo nada. Tengo mis zarpas.

46 Y me enseñaba inocentemente sus cuatro espinas. Y después agregó:

48 —No te demores más; Es molesto. Decidiste partir. Vete.

51 Porque no quería que él la viera llorar. Era una flor tan vanidosa...

"My cold is not all that bad... The cool night air will do me good. I am a flower."

"But the animals—"

"I will have to endure two or three caterpillars if I wish to become acquainted with the butterflies. It seems that they are very beautiful. And otherwise who will come to visit me? You will be far away. As for the large animals, I am not afraid of anything. I have my claws."

And she naïvely showed her four thorns. Then she added:

"Don't linger like this, it's tiresome. You have decided to leave. Now go!"

For she did not want him to see her crying. She was such a proud flower...

CAPÍTULO X

Se encontraba en la región de los asteroides 325, 326, 327, 328, 329 y 330. Comenzó, por lo tanto, por visitarlos y buscarse un empleo e instruirse.

El primero estaba habitado por un rey. El rey daba audiencia, vestido de púrpura y armiño, sobre un trono muy sencillo y sin embargo majestuoso.

— ¡Ah! He aquí un súbdito —exclamó el rey cuando vio al principito.

Y el principito se preguntó:

— ¿Cómo puede reconocerme si no me ha visto nunca?

No sabía que para los reyes el mundo ha sido simplificado. Todos los hombres son súbditos.

— Acércate para que pueda verte mejor —le dijo el rey que estaba orgulloso de ser finalmente rey para alguien.

El principito buscó con los ojos en donde sentarse, pero el planeta se encontraba totalmente invadido por el magnífico abrigo de armiño. Permaneció por lo tanto de pie, y, como estaba cansado, bostezó.

Va en contra del protocolo bostezar en presencia de un rey —le dijo el monarca. Te lo prohíbo.

— No puedo evitarlo —respondió el principito confundido. Hice un largo viaje y no he dormido...

— Entonces —le dijo el rey— te ordeno que bosteces. No he visto a nadie bostezar en años. Los bostezos son curiosidades para mí. ¡Vamos! Bosteza una vez más. Es una orden.

— Eso me intimida... Ya no puedo... —Dijo el principito ruborizándose.

— ¡Hum! ¡Hum! —Respondió el rey. Entonces yo... Yo te ordeno bostezar a veces y a veces...

Balbuceaba un poco y parecía ofendido.

CHAPTER X

He found himself in the neighborhood of the asteroids 325, 326, 327, 328, 329, and 330. So he began by visiting them to seek an occupation and to learn.

The first one was inhabited by a king. The king sat, dressed in purple and ermine, on a very simple, yet majestic, throne.

"Ah! Here is a subject," exclaimed the king, when he caught sight of the little prince.

And the little prince asked himself:

"How could he recognise me when he's never seen me before?"

He didn't know that for Kings, the world is very much simplified. All men are subjects.

"Approach, so that I may see you better," said the king, who was very proud to finally be king over somebody.

The little prince looked around for a place to sit, but the planet was completely taken over by the magnificent ermine robe. So he remained standing, and, since he was tired, he yawned.

"It is contrary to etiquette to yawn in the presence of a king," the monarch said to him. "I forbid you to do so."

"I can't stop myself," replied the little prince, thoroughly embarrassed. "I've come on a long journey, and I haven't slept..."

"In that case," the king told him, "I order you to yawn. I have not seen anyone yawning for years. Yawns, for me, are objects of curiosity. Come, now! Yawn again! It is an order."

"That makes me shy... I can't any more..." said the little prince, blushing.

"Hum! Hum!" replied the king. "Then I... I order you sometimes to yawn and sometimes to..."

He sputtered a bit, and seemed upset.

27 Ya que el rey se aferraba a que su autoridad fuera respetada. No toleraba la desobediencia.

29 Era un monarca absoluto. Pero, como era muy bueno, daba órdenes razonables.

31 "Si yo le ordenara —decía con frecuencia— si yo le ordenara a un general convertirse en ave marina, y si el general no me obedeciera, no tendría la culpa el general. Yo tendría la culpa" "

33 — ¿Me podría sentar? —Preguntó tímidamente el principito.

34 — Te ordeno sentarte —le respondió el rey, quien recogió majestuosamente un faldón de su abrigo de armiño.

35 Pero el principito se sorprendió. El planeta era minúsculo. ¿Por sobre qué cosa podía reinar el rey?

38 — Señor... —le dijo— le pido perdón por interrogarlo...

39 — Te ordeno interrogarme —se precipitó a decir el rey.

40 Señor... ¿Sobre qué reina Usted?

41 — Sobre todo —respondió el rey, con una gran sencillez.

42 — ¿Sobre todo?

43 Con un gesto sobrio, el rey mostró su planeta, los demás planetas y las estrellas.

44 — ¿Sobre todo eso? —Dijo el principito.

45 — Sobre todo eso... —Respondió el rey.

46 Porque no solamente era un monarca absoluto sino un monarca universal.

47 — ¿Y las estrellas le obedecen?

48 — Claro que sí —le dijo el rey. Obedecen de inmediato. No tolero la falta de disciplina.

For the king fundamentally insisted that his authority be respected. He didn't tolerate disobedience. He was an absolute monarch. But, because he was good at heart, he gave reasonable orders.

"If I ordered," he would often say, "if I ordered a general to change himself into a seabird, and if the general did not obey, it would not be the general's fault. It would be my fault."

"May I sit down?" the little prince enquired timidly.

"I order you to sit down," replied the king, who majestically gathered in a fold of his ermine mantle.

But the little prince was astonished. The planet was tiny. Over what could this king really rule?

"Sire...," he said to him, "excuse my asking you a question..."

"I order you to ask me a question," the king rushed to say.

"Sire... over what do you rule?"

"Over everything," said the king, with a magnificent simplicity.

"Over everything?"

The king, with a subtle gesture, pointed out his planet, the other planets and the stars.

"Over all that?" asked the little prince.

"Over all that...," the king answered.

For he was not only an absolute monarch: he was a universal monarch.

"And the stars obey you?"

"Of course," the king said. "They obey immediately. I do not tolerate insubordination."

51 Un poder tal asombró al principito. Si lo hubiera tenido él mismo, habría podido asistir, no sólo a cuarenta y cuatro sino a setenta y dos, o quizá cien, o incluso doscientas puestas de sol durante el mismo día, sin haber tenido que jalar su silla jamás.

53 Y como se sentía un poco triste por acordarse de su pequeño planeta abandonado, se envalentonó para solicitar un favor al rey:

54 — Quisiera ver una puesta de sol... Concédame el placer... Ordénele al sol que se ponga.

57 — Si le ordenara a un general volar de una flor a otra como una mariposa, o escribir una tragedia, o convertirse en ave marina, y si el general no ejecutara la orden recibida ¿quién, de entre él o yo, estaría equivocado?

58 — Sería usted —dijo decididamente el principito.

59 — Exactamente. Hay que exigir a cada uno lo que cada uno puede dar —retomó el rey. La autoridad se basa en primer lugar en la razón.

62 Si le ordenas a tu pueblo tirarse al mar, éste hará una revolución. Tengo derecho a exigir obediencia porque mis ordenes son razonables.

64 — ¿Y entonces? ¿Mi puesta de sol? —Le recordó el principito que nunca olvidaba una pregunta una vez que la había planteado.

65 — Tu puesta de sol, la tendrás. Lo exigiré. Pero esperaré, según mi ciencia del buen gobierno, a que las condiciones sean favorables.

68 — ¿Y cuándo será eso? —Inquirió el principito.

69 — ¡Hem! ¡Hem! —Le respondió el rey, quien consultó primero un calendario— ¡Hem! ¡Hem! Será hacia las... hacia las... ¡Será esta tarde hacia las siete cuarenta! Y verás como soy obedecido.

71 El principito bostezó. Lamentaba su puesta de sol fallida. Y además ya comenzaba a aburrirse un poco:

Such power filled the little prince with wonder. If he had held it himself, he would have been able to watch, not forty-four, but seventy-two, or even a hundred, or even two hundred sunsets on the same day, without ever having to move his chair! And as he felt a bit sad as he remembered his forsaken little planet, he plucked up his courage to ask the king a favour:

"I'd like to see a sunset... Do that for me... Order the sun to set..."

"If I ordered a general to fly from one flower to another like a butterfly, or to write a tragic drama, or to change himself into a sea bird, and if the general did not carry out the order received, which one of us would be in the wrong?"

"It would be you," said the little prince firmly.

"Exactly. One must ask of each person that which they can give," the king went on. "Authority is based, first and foremost, on reason. If you order your people to go and throw themselves into the sea, they will rise up in revolution. I have the right to demand obedience because my orders are reasonable."

"Then my sunset?" the little prince reminded him, who never forgot a question once he had asked it.

"You shall have your sunset. I shall demand it. But I shall wait, according to my science of government, until the conditions are favourable."

"When will that be?" inquired the little prince.

"Hum! hum!" replied the king, who first consulted a bulky almanac. "Hum! Hum! That will be about... about... that will be this evening about twenty minutes to eight. And you will see how well I am obeyed!"

The little prince yawned. He was sorry for his lost sunset. And then he was already getting a little bored.

74	— Ya no tengo nada más que hacer aquí —le dijo al rey. ¡Me voy de nuevo!	"I have nothing more to do here," he said to the king. "I'll set off again."
76	— No te vayas —respondió el rey que estaba orgulloso de tener un súbdito. ¡No te vayas! ¡Te haré ministro!	"Do not go," said the king, who was very proud of having a subject. "Do not go. I will make you a Minister!"
78	— ¿Ministro de qué?	"Minister of what?"
79	— De... ¡De justicia!	"Minster of... of Justice!"
80	—¡Pero no hay nadie a quien juzgar!	"But there's nobody to judge!"
81	— No se sabe —dijo el rey. Todavía no le he dado la vuelta a mi reino. Soy muy viejo, no tengo espacio para una carroza, y me fatiga caminar.	"We do not know that," the king said to him. "I have not yet gone all the way around my kingdom. I am very old; I have no space for a carriage and it tires me to walk."
84	— ¡Oh! Pero yo ya vi —dijo el principito quien se inclinó para echar un vistazo del otro lado del planeta. No hay nadie allá tampoco...	"Oh, but I've already seen!" said the little prince, who leant over to give one more glance at the other side of the planet. "There is no one down there either... "
86 87	— Entonces te juzgarás a ti mismo —respondió el rey. Es lo más difícil. Es mucho más difícil juzgarse a sí mismo que juzgar a otro. Si logras juzgarte bien, es que eres un verdadero sabio.	"Then you shall judge yourself," the king answered. "That is the most difficult thing of all. It is much more difficult to judge oneself than to judge someone else. If you succeed in judging yourself well, then you are truly a wise person."
90	— Yo —dijo el principito— me puedo juzgar a mí mismo en cualquier parte. No necesito vivir aquí.	"I," said the little prince, "I can judge myself anywhere. I don't need to live here."
92 93 96	— ¡Hem! ¡Hem! —dijo el rey— creo que en mi planeta hay una vieja rata en alguna parte. La escucho por las noches. Podrás juzgar a esa vieja rata. La condenarás a muerte de vez en cuando. Así su vida dependerá de tu justicia. Pero la indultarás cada vez para economizarla. No hay más que una.	"Hum! hum!" said the king. "I am fairly certain that somewhere on my planet there is an old rat. I hear him at night. You can judge this old rat. From time to time you will condemn him to death. Thus his life will depend on your justice. But you will pardon him on each occasion to conserve him. There is only one of him."
99	— A mí no me gusta condenar a muerte —contestó el principito— y creo que me voy.	"I," replied the little prince, "don't like to condemn anyone to death, and now I think I'll leave."
100	— No —dijo el rey.	"No," said the king.
101	Pero el principito, habiendo acabado sus preparativos, no quiso apenar al viejo monarca:	But the little prince, having completed his preparations, had no wish to grieve the old monarch.

102 — Si su majestad desea ser obedecida puntualmente, podría darme una orden razonable. Podría ordenarme, por ejemplo, partir en menos de un minuto.

104 Me parece que las condiciones son favorables...

105 Como el rey no respondiera nada, el principito dudó primero, pero luego, con un suspiro, emprendió su partida.

106 — Te hago mi embajador —se apresuró a gritar el rey.

107 Tenía una expresión de gran autoridad.

108 Las personas mayores son muy extrañas —se dijo el principito a sí mismo durante su viaje.

"If Your Majesty wished to be promptly obeyed, he could give me a reasonable order. He could order me, for example, to leave within a minute. It seems to me that the conditions are favourable..."

As the king had made no answer, the little prince at first hesitated, then, with a sigh, set off.

"I make you my Ambassador," the king hurriedly cried out.

He had a magnificent air of authority.

"The grown-ups are very strange," the little prince said to himself, as he continued on his journey.

Capítulo XI

1 El segundo planeta estaba habitado por un vanidoso:

The second planet was inhabited by a vain man.

2 — ¡Ah! ¡Ah! ¡He aquí la visita de un admirador! —Exclamó de lejos el vanidoso cuando divisó al principito.

"Ah! Here comes a visit from an admirer!" exclaimed the vain man from afar, the moment he spotted the little prince.

3 Porque para los vanidosos, los demás hombres son admiradores.

Because, to vain men, all other men are admirers.

4 — Buenos días —dijo el principito. Usted tiene un extraño sombrero.

"Good morning," said the little prince. "You have a funny hat."

6 — Es para saludar —le respondió el vanidoso. Es para saludar cuando me aclaman. Desafortunadamente, nunca pasa nadie por aquí.

"It's for saluting," the vain man replied. "It's to raise in salute when people acclaim me. Unfortunately, nobody ever passes by this way."

9 — ¿De veras? —Dijo el principito que no comprendía.

"Oh, really?" said the little prince, who didn't understand.

10 Golpea tus manos una contra la otra —le aconsejó el vanidoso.

"Clap your hands, one against the other," the vain man advised.

11 El principito golpeo sus manos una contra la otra. El vanidoso saludó modestamente levantando su sombrero.

The little prince clapped his hands, one against the other. The vain man raised his hat in a modest salute.

13 "Esto es más divertido que la visita al rey" —se dijo el principito a sí mismo. Y volvió a golpear sus manos una contra la otra. El vanidoso volvió a saludar levantando su sombrero.

"This is more fun than the visit to the king," the little prince said to himself. And he began again to clap his hands, one against the other. The vain man again raised his hat in a salute.

16 Después de cinco minutos de ejercicio, el principito se fatigó de la monotonía del juego:

After five minutes of this exercise the little prince grew tired of the monotony of the game:

17 — ¿Y para que caiga el sombrero —preguntó— qué hay que hacer?

"And to make the hat come down," he asked, "what should I do?"

18 Pero el vanidoso no lo escuchó. Los vanidosos no escuchan más que las alabanzas.

But the vain man didn't hear him. Vain people never hear anything but praise.

20 — ¿Me admiras mucho verdaderamente? —Le preguntó al principito.

"Do you really admire me a lot?" he asked the little prince.

21 — ¿Qué significa "admirar"?

"What does that mean—'to admire'?"

22	"Admirar" significa "reconocer que soy el hombre más bello, el mejor vestido, el más rico y el más inteligente del planeta."	"'To admire' means 'to recognise that I'm the most handsome, the best-dressed, the richest, and the most intelligent person on the planet.'"
23	— ¡Pero estás solo en tu planeta!	"But you're the only person on your planet!"
24	— Hazme ese favor. ¡Admírame de todos modos!	"Do it for me. Admire me anyway."
26	— Te admiro —dijo el principito, encogiéndose de hombros— pero para qué puede importarte eso.	"I admire you," said the little prince, shrugging his shoulders a little, "but how can that be so important to you?"
27	Y el principito se marchó.	And the little prince went away.
28	"Las personas mayores son definitivamente muy extrañas" —se dijo a sí mismo durante su viaje.	"The grown-ups are certainly very odd," he said to himself during his journey.

Capítulo XII

1 El siguiente planeta estaba habitado por un bebedor.

2 Esta visita fue muy corta, pero sumergió al principito en una gran melancolía:

3 — ¿Qué haces aquí? —Le dijo al bebedor, a quien encontró delante de una colección de botellas vacías y una colección de botellas llenas.

4 — Bebo —respondió el bebedor con una expresión lúgubre.

5 — ¿Por qué bebes? —Le preguntó el principito.

6 — Para olvidar —respondió el bebedor.

7 — ¿Para olvidar qué? —Inquirió el principito que ya lo compadecía.

8 — Para olvidar que tengo vergüenza —confesó el bebedor agachando la cabeza.

9 — ¿Vergüenza de qué? —Inquirió el principito que deseaba socorrerlo.

10 — ¡Vergüenza de beber! —Acabó por decir el bebedor, quien se refugió definitivamente en el silencio.

11 Y el principito se marchó perplejo.

12 Las personas mayores son definitivamente muy muy extrañas —se dijo a sí mismo durante su viaje.

Chapter XII

1 The next planet was inhabited by a drunkard. This was a very short visit, but it plunged the little prince into a profound sadness.

"What are you doing here?" he said to the drunkard, who he found sat in silence in front of a collection of empty bottles and a collection of full bottles.

"I'm drinking," replied the drunkard, gloomily.

"Why are you drinking?" the little prince asked him.

"To forget," replied the drunkard.

"To forget what?" asked the little prince, who already felt sorry for him.

"To forget that I'm ashamed," confessed the drunkard, lowering his head.

"Ashamed of what?" inquired the little prince, who wanted to help him.

"Ashamed of drinking!" concluded the drunkard, who then shut himself in silence for good.

And the little prince went away, puzzled.

"The grown-ups are certainly very, very odd," he said to himself, as he continued on his journey.

CAPÍTULO XIII

1 El cuarto planeta era el de un hombre de negocios.

The fourth planet belonged to a businessman.

2 Este hombre estaba tan ocupado que no levantó siquiera la cabeza cuando llegó el principito.

This man was so busy that he didn't even raise his head when the little prince arrived.

3 —Buenos días —le dijo éste. Su cigarro está apagado.

"Good morning," he said to him. "Your cigarette has gone out."

5 — Tres y dos son cinco. Cinco y siete son doce.
7 Doce y tres quince. Buenos días. Quince y siete veintidós. Veintidós y seis veintiocho. No tengo tiempo de volverlo a prender. Veintiséis y cinco treinta y uno. ¡Uf! Por lo tanto, nos da quinientos un millones seiscientos veintidós mil setecientos treinta y uno.

"Three and two make five. Five and seven make twelve. Twelve and three make fifteen. Good morning. Fifteen and seven make twenty-two. Twenty-two and six make twenty-eight. No time to light it again. Twenty-six and five make thirty-one. Phew! Then that makes five-hundred-and-one million, six-hundred-twenty-two-thousand, seven-hundred-thirty-one."

15 — ¿Quinientos millones de qué?

"Five hundred million what?"

16 — ¿Eh? ¿Sigues ahí? Quinientos un millones de... Ya no sé... ¡Tengo tanto trabajo! Yo soy serio. ¡No me divierto con tonterías! Dos y cinco siete...

"Huh? Are you still here? Five-hundred-and-one million... I don't know anymore... I have so much work! I am a man of consequence, I don't amuse myself with balderdash! Two and five make seven..."

22 — ¿Quinientos millones de qué? —Repitió el principito que jamás en su vida había renunciado a una pregunta, una vez que la había planteado.

"Five-hundred-and-one million what?" repeated the little prince, who had never in his life let go of a question, once he had asked it.

23 El hombre de negocios levantó la cabeza:

The businessman raised his head.

24 — Desde hace cincuenta y cuatro años que vivo en este planeta, no he sido molestado más que tres veces.
25 La primera vez fue hace veintidós años por un mayate que cayó sabe Dios de dónde. Esparcía un ruido espantoso y cometí cuatro errores en una suma. La segunda vez fue hace once años, por una crisis reumática. Me falta hacer ejercicio.
29 No tengo tiempo para vagar. Yo soy serio. La tercera vez... ¡Hela aquí! Decía yo entonces, quinientos un millones...

"During the fifty-four years that I've lived on this planet, I've only been disturbed three times. The first time was twenty-two years ago, by some noisybug who fell from God-knows-where. He made the most dreadful noise, and I made four mistakes in a sum. The second time was eleven years ago, by an attack of rheumatism. I don't get enough exercise. I don't have time to stroll about. I am a man of consequence. The third time... well, this is it! I was saying, then, five-hundred-and-one million..."

33 — ¿Millones de qué?

"Million what?"

34 El hombre de negocios entendió que no había esperanza de paz.

The businessman realised that there was no hope of peace:

35	— Millones de esas cositas que uno ve a veces en el cielo.
	"Millions of those little things that you see in the sky sometimes."
36	—¿Moscas?
	"Flies?"
37	— Claro que no. Esas cositas que brillan.
	"No, no, the little things that shine."
38	— ¿Abejas?
	"Bees?"
39	— Claro que no. Esas cosas doradas que hacen fantasear a los holgazanes. ¡Pero yo soy serio!
42	No tengo tiempo para fantasear.
	"No, no! The little golden things that make lazy men daydream. But I am a man of consequence! I have no time to daydream."
43	— ¡Ah! ¿Estrellas?
	"Ah! The stars?"
44	— Eso mismo. Estrellas.
	"Yes, that's it. The stars."
46	— ¿Y qué haces con quinientos millones de estrellas?
	"And what do you do with five-hundred million stars?"
47	— Quinientos un millones seiscientos veintidós mil setecientos treinta y uno. Yo soy serio; soy preciso.
	"Five hundred and one million, six hundred twenty two thousand, seven hundred and thirty one. I am a man of consequence: I am precise."
49	— ¿Qué haces con esas estrellas?
	"And what do you do with these stars?"
50	— ¿Qué qué hago?
	"What do I do with them?"
51	— Sí.
	"Yes."
52	— Nada. Las poseo.
	"Nothing. I own them."
54	— ¿Posees las estrellas?
	"You own the stars?"
55	— Sí.
	"Yes."
56	— Pero acabo de ver un rey que...
	"But I've already seen a king who—"
57	— Los reyes no poseen. Ellos "reinan". Es muy diferente.
	"Kings do not own. They 'reign' over. It's very different."
60	— ¿Y de qué te sirve poseer las estrellas?
	"And of what use is it to you to own the stars?"
61	— Me sirve para ser rico.
	"It's use is to make me rich."
62	— ¿Y de qué te sirve ser rico?
	"And of what use is it to you to be rich?"
63	— Para comprar otras estrellas, si alguien encuentra otras.
	"To buy more stars, if someone discovers some more."

64	Éste —se dijo a sí mismo el principito— razona un poco como mi borracho.	"This man," the little prince said to himself, "reasons a bit like my poor drunkard."
65	Sin embargo, le hizo más preguntas:	Yet he asked some more questions:
66	— ¿Cómo se puede poseer las estrellas?	"How can you own the stars?"
67	— ¿De quién son? —Replicó, malhumorado, el hombre de negocios.	"Whose are they?" the businessman retorted, grumpily.
68	— No lo sé. De nadie.	"I don't know. Nobody's."
70	— Entonces son mías, porque fui el primero en pensarlo.	"Then they are mine, because I thought of it first."
71	— ¿Con eso basta?	"Is that enough?"
72	— Claro. Cuando encuentras un diamante que no le pertenece a nadie, es tuyo. Cuando encuentras una isla que no le pertenece a nadie, es tuya.	"Certainly. When you find a diamond that belongs to nobody, it's yours. When you discover an island that belongs to nobody, it's yours.
75	Cuando eres el primero en tener una idea, la patentas: y es tuya. Y yo poseo las estrellas, ya que a nadie antes que yo se le ocurrió poseerlas.	When you have an idea first, you take out a patent: it's yours. And I own the stars, because no one before me ever thought of owning them."
77	— Eso es cierto —dijo el principito. ¿Y qué haces con ellas?	"Yes, that's true," said the little prince. "And what do you do with them?"
79	— Las administro. Las cuento y las vuelvo a contar —dijo el hombre de negocios. Es difícil. ¡Pero soy un hombre serio!	"I administer them. I count and recount them," said the businessman. "It's difficult. But I am a man of consequence."
83	El principito no estaba satisfecho aún.	The little prince was still not satisfied.
84	— Yo, si poseo una bufanda, la puedo enrollar alrededor de mi cuello y llevármela. Yo, si poseo una flor, puedo arrancarla y llevármela. ¡Pero tú no puedes arrancar las estrellas!	"If I own a scarf, I can put it around my neck and take it away with me. If I own a flower, I can pick my flower and take it away with me. But you can't pick the stars."
87	— No, pero puedo depositarlas en un banco.	"No. But I can put them in the bank."
88	— ¿Qué significa eso?	"What does that mean?"
89	— Significa que yo escribo sobre un papelito el número de mis estrellas. Y luego guardo bajo llave ese papel en un cajón.	"That means that I write the number of my stars on a little paper. And then I lock that paper in a drawer."
91	— ¿Y eso es todo?	"And that's all?"
92	— ¡Con eso basta!	"That's enough!"

93 "Es divertido —pensó el principito. Es bastante poético. Pero no es muy serio."

96 El principito tenía ideas muy distintas sobre las cosas serias de las ideas de las personas mayores.

97 — Yo —añadió— poseo una flor que riego todos los días. Poseo tres volcanes que deshollino cada semana. Porque deshollino también el que está extinto.
100 Uno nunca sabe. Es útil para mis volcanes; es útil para mi flor que yo los posea. Pero tú no eres útil para las estrellas...

103 El hombre de negocios abrió la boca, pero no encontró nada que responder, y el principito partió.

104 "Definitivamente, las personas mayores son absolutamente extraordinarias —se dijo sencillamente a sí mismo durante su viaje.

"That's funny," thought the little prince. "It's rather poetic. But it's of no great consequence."

The little prince had, on matters of consequence, ideas which were very different from the ideas of the grown-ups.

"I myself," he continued, "own a flower that I water every day. I own three volcanoes that I sweep out every week. Because I also sweep out the one that is extinct. You never know. It's good for my volcanoes, and it's good for my flower, that I own them. But you're of no use to the stars..."

The businessman opened his mouth, but found nothing to say in response, and the little prince went away.

"The grown-ups are certainly altogether extraordinary," he said to himself plainly during the journey.

Capítulo XIV

1 El quinto planeta era el más curioso. Era el más pequeño de todos. Había suficiente espacio para alojar una farola y un farolero. El principito no lograba explicarse de que podía servir, en alguna parte del cielo, en un plantea sin casas, ni población, una farola y un farolero. Sin embargo, se decía a sí mismo:

6 "Acaso este hombre es absurdo. Sin embargo, es menos absurdo que el rey, el vanidoso, el hombre de negocios y el bebedor. Por lo menos su trabajo tenía sentido. Cuando enciende su farola, es como si diera nacimiento a una estrella más o a una flor.

10 Cuando apaga su farola, eso duerme a la flor o a la estrella. Es un empleo muy bello. Es realmente útil porque es bello. "

The fifth planet was very strange. It was the smallest of them all. There was just enough room on it to accommodate a street lamp and a lamplighter. The little prince couldn't figure out the purpose of having, somewhere out in the sky, on a planet with neither houses nor any people, a street lamp and a lamplighter. He said to himself nevertheless:

"It may well be that this man is absurd. But, he's less absurd than the king, than the vain man, than the businessman, and than the drunkard. At least his work has a meaning. When he lights his lamp, it's as if he's bringing to life one more star, or a flower. When he puts out his lamp, it puts the flower, or the star, to sleep. It's a very nice occupation. It serves a real purpose, because it's pretty."

13	Cuando abordó el planeta, saludo con respeto al farolero:	When he arrived on the planet he respectfully saluted the lamplighter.
14	— Buenos días. ¿Por qué acabas de apagar to farola?	"Good morning. Why have you just put out your lamp?"
16	— Es la regla —contestó el farolero Buenos días.	"Those are the orders," replied the lamplighter. "Good morning."
18	— ¿Cuál es la regla?	"What are the orders?"
19	— Apagar mi farola. Buenas noches.	"That I put out my lamp. Good evening."
21	Y la volvió a encender.	And he lit it again.
22	— ¿Pero por qué acabas de encenderla de nuevo?	"But why have you just lit it again?"
23	— Es la regla —contestó el farolero	"Those are the orders," replied the lamplighter.
24	— No entiendo —dijo el principito.	"I don't understand," said the little prince.
25	No se requiere entender nada. La regla es la regla. Buenos días.	"There's nothing to understand," said the lamplighter. "Orders are orders. Good morning."
28	Y apagó su farola.	And he put out his lamp.
29	Y luego se enjugó la frente con un pañuelo de cuadros rojos.	Then he wiped his forehead with a handkerchief with red squares.
30	— Tengo un empleo terrible. Antaño fue razonable. Yo apagaba por las mañanas y encendía por las noches. Tenía el resto del día para descansar, y el resto de la noche para dormir...	"I have a terrible profession here. Before it used to be reasonable. I'd put it out in the morning, and in the evening I'd light it. I had the rest of the day to rest, and the rest of the night to sleep..."
34	— ¿Y desde ese entonces cambió la regla?	"And since then, have the orders changed?"
35	— La regla no cambió —dijo el farolero. ¡Esa es la tragedia! Año con año, el planeta gira más y más rápido, y la regla no ha cambiado.	"The orders haven't changed," said the lamplighter. "That's the tragedy! Every year the planet has turned faster and faster, and the orders haven't changed!"
38	— ¿Y entonces? —dijo el principito.	"So what?" said the little prince.
39	— Entonces ahora que da una vuelta por minuto, no tengo ni un segundo para descansar. ¡Enciendo y apago una vez por minuto!	"So now that it spins round once every minute, I no longer have a seconds's rest. I light it and put it out once every minute!"
41	— ¡Qué risa...! Los días en tu mundo duran un minuto.	"That's funny! Where you live, a day only lasts a minute!"

43	— No me da risa para nada —dijo el farolero. Llevamos un mes hablando juntos.
	"It's not funny at all!" said the lamplighter. "We've already been speaking for a month."

43 — No me da risa para nada —dijo el farolero. Llevamos un mes hablando juntos.

"It's not funny at all!" said the lamplighter. "We've already been speaking for a month."

45 — ¿Un mes?

"A month?"

46 — Sí. Treinta minutos. ¡Treinta días! Buenas noches.

"Yes. Thirty minutes. Thirty days. Good evening."

50 Y volvió a encender su farola.

And he lit his lamp again.

51 El principito lo miró y se encariñó con ese farolero que estaba tan comprometido con la regla.

52 Recordó las puestas de sol que antaño el mismo iba a buscar recorriendo su silla. Quiso ayudar a su amigo:

The little prince watched him and felt he loved this lamplighter who was so faithful to his orders. He remembered the sunsets which he himself went to seek in the past, by moving his chair. He wanted to help his friend.

54 — Sabes... Conozco una manera de descansar cuando quieras...

"You know... I know a way that you can rest whenever you want..."

55 — Siempre quiero —dijo el farolero.

"I always want to," said the lamplighter.

56 Ya que se puede ser a la vez comprometido y perezoso.

For it is possible to be both faithful and lazy at the same time.

57 El principito prosiguió:

The little prince went on:

58 — Tu planeta es tan pequeño que lo puedes recorrer de tres zancadas. Sólo tienes que caminar lentamente para permanecer siempre bajo el sol.

60 Cuando quieras descansar, caminarás... Y el día durará tanto como quieras.

"Your planet is so small that you can go right round it in three strides. You only have to walk along rather slowly to always stay in the sun. When you want to rest, you can walk— and the day will last however long you want."

61 Eso no me ayuda mucho —dijo el farolero. Lo que más me gusta en la vida es dormir.

"That doesn't help me much," said the lamplighter. "What I really love in life is to sleep."

63 — Es mala suerte —dijo el principito.

"That's bad luck," said the little prince.

64 — Es mala suerte —dijo el farolero. Buenos días.

"That's bad luck," said the lamplighter. "Good morning."

66 Y apagó su farola.

And he put out his lamp.

67 "Éste —se dijo el principito, mientras proseguía más lejos su viaje— sería menospreciado por todos los demás, por el rey, el vanidoso, el bebedor y el hombre de negocios. Sin embargo, es el único que no me parece ridículo. Quizá es porque le importa algo distinto a sí mismo."

"That man," the little prince said to himself, as he continued further on his journey, "that man would be looked down on by all the others: by the king, by the vain man, by the drunkard, and by the businessman. Yet he's the only one that doesn't seem ridiculous to me. It's perhaps because he cares for something other than himself."

70   Y dio un suspiro de decepción y siguió diciéndose:

71   "Éste es el único que hubiera podido ser mi amigo. Pero su planeta es realmente muy pequeño.

73   No hay lugar para dos...".

74   Lo que el principito no se atrevía a confesar es que echaba de menos ese bendito planeta, sobre todo ¡por las mil cuatrocientos cuarenta puestas de sol por cada veinticuatro horas!

He breathed a sigh of regret, and continued to himself:

"That man is the only one with who I could have made friends. But his planet is really very small. There's no room on it for two people..."

What the little prince didn't dare admit to himself was that he missed this blessed planet, most of all, because of the 1440 sunsets every twenty-four hours!

CAPÍTULO XV	CHAPTER XV

1 El sexto planeta era diez veces más grande. Estaba habitado por un anciano que escribía enormes libros.

The sixth planet was ten times bigger. It was inhabited by an old man who wrote enormous books.

3 — ¡Mira! ¡He aquí un explorador! —se exclamó cuando vio al principito.

"Oh, look! Here comes an explorer!" he cried out when he caught sight of the little prince.

4 El principito se sentó sobre la mesa y se tomó un pequeño respiro. ¡Ya había viajado tanto!

The little prince sat down on the table and panted a little. He had already traveled so much!

6 — ¿De dónde vienes? —Le dijo el anciano.

"Where do you come from?" the old man said to him.

7 — ¿Qué librote es éste? —Dijo el principito. ¿Qué hace usted aquí?

"What is that big book?" said the little prince. "What do you do here?"

9 — Soy geógrafo —dijo el anciano.

"I am a geographer," said the old man.

10 — ¿Qué es un geógrafo?

"What's a geographer?"

11 — Es un sabio que sabe dónde se encuentran los mares, los ríos, las ciudades, las montañas y los desiertos.

"He is a scholar who knows where the seas, the rivers, the towns, the mountains, and the deserts are found."

12 — Eso es muy interesante —dijo el principito.
13 ¡Eso es un verdadero oficio!

"That's very interesting," said the little prince. "That really is, at last, a real profession!"

14	Y echó un vistazo al rededor suyo sobre el planeta del geógrafo. Nunca había visto aún un planeta tan majestuoso.	And he glanced around at the planet of the geographer. He had never seen such a majestic planet before.
16	— Es muy bello su planeta. ¿Tiene acaso océanos?	"It's really beautiful, your planet." "Are there oceans?"
18	— No puedo saberlo —dijo el geógrafo.	"I have no way of knowing," said the geographer.
19	— ¡Ah! (El principito estaba decepcionado). ¿Y montañas?	"Oh." (The little prince was disappointed.) "And mountains?"
22	— No puedo saberlo —dijo el geógrafo.	"I have no way of knowing," said the geographer.
23	— ¿Y ciudades y ríos y desiertos?	"And towns, and rivers, and deserts?"
24	— No puedo saberlo tampoco —dijo el geógrafo.	"I have no way of knowing that, either," said the geographer.
25	— ¡Pero es usted geógrafo!	"But you're a geographer!"
26	— Es verdad —dijo el geógrafo— pero no soy explorador. Me falta un explorador. No es el geógrafo el que cuenta las ciudades, los ríos, las montañas, los mares, los océanos y los desiertos.	"That's true," the geographer said, "but I am not an explorer. I have not a single explorer. It is not for the geographer to count the towns, the rivers, the mountains, the seas, the oceans, and the deserts.
29	El geógrafo es demasiado importante para deambular.	The geographer is too important to go strolling about.
30	No se mueve de su escritorio. Pero recibe a los exploradores. Los interroga, y toma nota de sus relatos. Y si los relatos de alguno de ellos le parecen interesantes, el geógrafo hace una investigación sobre la ética del explorador.	He doesn't leave his desk. But he receives the explorers. He asks them questions, and he writes down their recollections. And if the recollections of one of them appear interesting to him, the geographer does an inquiry into that explorer's moral character."
34	— ¿Por qué hace eso?	"Why's that?"
35	— Porque un explorador mentiroso provocaría catástrofes en los libros de geografía. Así como un explorador que bebiera demasiado.	"Because an explorer who told lies would bring about catastrophe in geography books. So would an explorer who drank too much."
37	— ¿Por qué? —Dijo el principito.	"Why's that?" said the little prince.
38	— Porque los borrachos ven doble. Y entonces el geógrafo anotaría dos montañas ahí donde no hay más que una sola.	"Because drunkards see double. So the geographer would record two mountains in a place where there was only one."
40	— Conozco a alguien —dijo el principito— que sería mal explorador.	"I know someone," said the little prince, "who would make a bad explorer."

41	— Es posible. Por lo tanto, cuando la ética del explorador parece correcta, se hace una investigación acerca de su descubrimiento.	"That's possible. So, when the moral character of the explorer appears to be in order, an inquiry is done into his discovery."
43	— ¿Se constata por uno mismo?	"You go to see it?"
44	— No. Es demasiado complicado. Pero se le pide al explorador que aporte pruebas. Si se trata, por ejemplo, del descubrimiento de una gran montaña, se exige que traiga grandes piedras.	"No. That's too complicated. But one requires of the explorer that he provide proof. If for example, the discovery in question was of a large mountain, one would require that he bring back large stones from it."
48	De pronto, el geógrafo experimentó una conmoción.	The geographer suddenly became excited.
49	— ¡Si no me equivoco, tú vienes de lejos! ¡Eres explorador! ¡Vas a describirme tu planeta!	"But you—you come from far away! You are an explorer! You must describe your planet to me!"
52	Y el geógrafo, después de abrir su cuaderno de registro, sacó punta a su lápiz. Primero se escriben en lápiz los relatos de los exploradores. Uno debe esperar, para inscribirlos con tinta, a que el explorador haya aportado pruebas.	And the geographer, having opened his register, sharpened his pencil. The accounts of explorers are first recorded in pencil. One waits until the explorer has provided proof before recording them in ink.
55	¿Y bien? —Preguntó el geógrafo.	"Well?" asked the geographer.
56	¡Eh! Mi casa —dijo el principito— no es muy interesante. Todo es muy pequeño. Tengo tres volcanes. Dos volcanes activos y un volcán extinto.	"Oh, where I live," said the little prince, "it's not very interesting, everything is very small. I have three volcanoes. Two active volcanoes, and one extinct one. But you never know."
59	Pero uno nunca sabe.	
60	— Uno nunca sabe —dijo el geógrafo.	"One never knows," said the geographer.
61	También tengo una flor.	"I also have a flower."
62	— No anotamos las flores —dijo el geógrafo.	"We do not record flowers," said the geographer.
63	— ¿Por qué? ¡Es lo más lindo!	"Why's that? That's the prettiest thing!"
64	— Porque las flores son efímeras.	"Because flowers are ephemeral."
65	— ¿Qué significa: "efímera"?	"What does that mean — 'ephemeral'?"
66	Los libros de geografía —dijo el geógrafo— son los libros más serios de todos los libros. Nunca pasan de moda. Es muy inusual que una montaña cambie de lugar. Es muy inusual que un océano se vacíe de su agua. Inscribimos las cosas eternas.	"Geography books," said the geographer, "of all books, are of the greatest consequence. They never become out-dated. It is very rare that a mountain changes position. It is very rare that an ocean loses its water. We write about eternal things."

71 — Pero los volcanes extintos pueden despertarse —interrumpió el principito. — ¿Qué significa "efímera"?

"But extinct volcanoes can wake up," interrupted the little prince. "What does 'ephemeral' mean?"

73 — Que los volcanes estén apagados o activos, nos da lo mismo —dijo el geógrafo. Lo que cuenta para nosotros es la montaña. Ésta no cambia.

"Whether volcanoes are extinct or active, it's all the same to us," said the geographer. "The thing that matters to us is the mountain. It does not change."

76 — ¿Pero, qué significa "efímera"? —Repitió el principito, que jamás en su vida había renunciado a una pregunta, una vez que la había planteado.

"But what does 'ephemeral' mean?" repeated the little prince, who had never in his life let go of a question, once he had asked it.

77 — Significa "que está amenazada de pronta desaparición"

"It means, 'which is at risk of imminent disappearance.'"

78 — Mi flor está amenazada de pronta desaparición?

"Is my flower at risk of imminent disappearance?"

79 — Claro.

"Of course."

80 "Mi flor es efímera —se dijo el principito— ¡y sólo tiene cuatro espinas para defenderse del mundo! ¡Y la dejé sola en mi casa! "

"My flower is ephemeral," the little prince said to himself, "and she has only four thorns to defend herself against the world. And I've left her all alone back home!"

82 Ese fue su primer sentimiento de arrepentimiento. Pero retomó coraje:

That was his first stir of regret. But he took heart once again:

84 — ¿Qué me recomienda visitar? —preguntó.

"What place would you advise me to visit?" he asked.

85 — El planeta Tierra —le respondió el geógrafo. Tiene buena fama...

"The planet Earth," replied the geographer. "It has a good reputation..."

87 Y el principito se marchó, pensando en su flor.

And the little prince went away, thinking of his flower.

Capítulo XVI

1 El séptimo plantea fue la Tierra.

So the seventh planet was the Earth.

2 ¡La Tierra no es un planeta cualquiera! Hay ciento once reyes (sin contar, claro está, a los reyes negros), siete mil geógrafos, novecientos mil hombres de negocios, siete millones y medio de borrachos, trescientos once millones de vanidosos, es decir, aproximadamente, dos mil millones de personas.

The Earth isn't just any planet! It has one hundred and eleven kings (not forgetting, of course, the Negro kings amongst them), seven thousand geographers, nine hundred thousand businessmen, seven and a half million drunkards, three hundred and eleven million vain men, that's to say, about two billion grown-ups.

4 Para que se den una idea de la dimensión de la Tierra, les diré que antes de la invención de la electricidad se debía mantener, en la totalidad de los seis continentes, un verdadero ejército de cuatrocientos sesenta y dos mil quinientos once faroleros.

To give you an idea of the size of the Earth, I'll tell you that before the invention of electricity it was necessary to maintain, over the span of the six continents, a veritable army of four hundred and sixty two thousand five hundred and eleven streetlamp lighters.

5 Visto de lejos, eso provocaba un efecto deslumbrante.
6 Los movimientos de este ejército estaban regulados como los de un ballet en la ópera. El primer turno era para los faroleros de Nueva Zelanda y de Australia.
8 Luego, habiendo encendido sus faroles, se retiraban a dormir. Entonces tocaba el turno dentro de la danza delos faroleros de China y Siberia. Posteriormente, ellos también se replegaban tras bambalinas.
11 Entonces venía el turno de los faroleros de Rusia y de las Indias. Después de los de África y de Europa.
13 Después de los de América del Sur. Después de los de América del Norte. Y nunca se equivocaban en el orden de entrar en escena. Era grandioso.

Seen from a distance it made a wonderful spectacle. The movements of this army were regulated like those of an opera ballet. First came the turn of the lamplighters of New Zealand and Australia. Having lit their lanterns, they would go off to bed. Then came the turn of the lamplighters of China and Siberia to enter into the dance. Then they too would disappear into the wings. Then came the turn of the lamplighters of Russia and the Indies. Then those of Africa and Europe. Then those of South America. Then those of North America. And never would they make a mistake in their order of entry on stage. It was magnificent.

17 Solamente el farolero del único farol del polo norte y su colega del único farol del polo sur, llevaban una vida de ocio y tranquilidad: trabajaban dos veces al año.

Only the lamp lighter of the single lamp of the North pole, and his colleague at the single lamp of the South pole led lives of leisure: they worked twice a year.

Capítulo XVII

1 Cuando uno quiere ser ingenioso, suele suceder que uno mienta un poco. No fui muy honesto hablando acerca de los faroleros. Corro el riesgo de dar una idea errónea de nuestro planeta a quienes no lo conocen. Los hombres ocupan muy poco lugar sobre la Tierra.

5 Si los dos mil millones de habitantes que habitan la Tierra se pusieran de pie y un poco apretados, como para un mitin, cabrían holgadamente en una plaza pública de veinte millas de largo por veinte millas de ancho.

6 Se podría amontonar la humanidad en el más pequeño islote del Pacífico.

7 Las personas mayores, claro está, no les creerán.

8 Ellas creen que ocupan mucho espacio Ellas imaginan que son importantes como los baobabs.

10 Ustedes les aconsejarán entonces hacer el cálculo.

11 Ellas adoran los números: eso les encantará. Pero no pierdan el tiempo con esta tarea. Es inútil.

14 Ustedes confíen en mí.

15 Una vez en la Tierra, el principito se sorprendió por no ver a nadie. Ya temía haberse equivocado de planeta, cuando un anillo color de luna se movió en la arena.

17 — Buenas noches —dijo el principito por cualquier si acaso.

18 — Buenas noches —dijo la serpiente.

19 — ¿En qué planeta he caído? —Preguntó el principito.

20 — En la Tierra, en África —respondió la serpiente.

21 — ¡Ah...! ¿Entonces, no hay nadie sobre la Tierra?

22 — Aquí es el desierto. No hay nadie en los desiertos.

24 La Tierra es grande —dijo la serpiente.

25 El principito se sentó sobre una piedra y levantó los ojos hacia el cielo:

When one wants to be witty, sometimes one bends the truth a little. I haven't been very honest in telling you about the lamplighters. I run the risk of giving a false idea of our planet to those who aren't familiar with it. Men take up very little space on the Earth. If the two billion people who inhabit the Earth were to stand and squeeze together a little, like for a meeting, they would easily fit on one public square twenty miles long and twenty miles wide. All humanity could be piled up on the smallest Pacific islet.

The grown-ups, of course, won't believe you. They picture themselves as taking up a lot of space. They think themselves as important as the baobabs. Therefore you will advise them to do the calculation. They adore numbers; that will please them. But don't waste your time on this chore. It's pointless. You trust me.

Once on Earth, the little prince was thus very surprised not to see anyone. He was already worried that he'd got the wrong planet, when a moon-coloured coil stirred in the sand.

"Good evening," said the little prince, just in case.

"Good evening," said the snake.

"On what planet have I come down on?" asked the little prince.

"Onto Earth, in Africa," the snake answered.

"Oh!... So there's no one on Earth?"

"This is the desert. There is no one in the deserts. The Earth is big," said the snake.

The little prince sat down on a stone, and raised his eyes toward the sky.

26	— Me pregunto —dijo— si las estrellas están iluminadas con el fin de que cada quien pueda algún día encontrar la suya. Mira mi planeta. Está justo sobre nosotros... Pero ¡qué lejos está!	"I wonder," he said, "if the stars are lit so that each of us can one day find his own again. Look at my planet. It's right there above us... But it's so far away!"
29	— Es hermoso —dijo la serpiente. ¿Qué viniste a hacer aquí?	"It is beautiful," said the snake. "What have you come to do here?"
31	— Tengo problemas con una flor —dijo el principito.	"I've have problems with a flower," said the little prince.
32	— ¡Ah! —Dijo la serpiente.	"Ah!" said the snake.
33	Y se callaron.	And they fell silent.
34	—¿Dónde están los hombres? —Retomó finalmente el principito. Se está un poco solo en el desierto...	"Where are the men?" continued the little prince at last. "It's a bit lonely in the desert..."
36	—Se está solo también con los hombres —dijo la serpiente.	"It is also lonely among men," the snake said.
37	El principito la observó largamente:	The little prince gazed at him for a long while.
38	Eres un animal extraño —le dijo finalmente— delgado como un dedo...	"You're a funny creature," he said finally, "as thin as a finger..."
39	— Pero soy más poderoso que el dedo de un rey —dijo la serpiente.	"But I am more powerful than the finger of a king," said the snake.
40	El principito sonrió.	The little prince smiled.
41	— No eres muy poderoso... Ni siquiera tienes patas... No puedes ni siquiera viajar...	"You aren't very powerful... you haven't even got any legs... you can't even travel..."
42	— Te puedo llevar más lejos que un barco —dijo la serpiente.	"I can carry you farther than a ship," said the snake.
43	Se enrolló al rededor del tobillo del principito, como un brazalete de oro:	He wrapped himself around the little prince's ankle, like a golden bracelet.
44	— Aquel que toco, lo devuelvo a la tierra de donde ha salido —agregó. Pero eres puro y vienes de una estrella...	"Whoever I touch, I return them to the earth from which they came," he added. "But you are pure, and you come from a star..."
46	El principito no me respondió nada.	The little prince made no reply.
47	— Me das lástima, tú tan débil, sobre esta Tierra de granito. Puedo ayudarte si algún día extrañas demasiado tu planeta. Puedo...	"I feel sorry for you, so weak, on this Earth made of granite. I can help you if someday you miss your planet too much. I can..."

50	— ¡Oh! Ya te entendí muy bien —dijo el principito— ¿pero por qué hablas siempre con enigmas?	"Oh! I understood very well," said the little prince, "but why do you always speak in riddles?"
51	— Yo los resuelvo todos —dijo la serpiente.	"I solve them all," said the snake.
52	Y se callaron.	And they fell silent.

Capítulo XVIII

1 El principito atravesó el desierto y no encontró más que una flor. Una flor con tres pétalos, una flor insignificante...

3 — Buenos días —dijo el principito.

4 — Buenos días —dijo la flor.

5 —¿Dónde están los hombres? —Preguntó cortésmente el principito.

6 Un día, la flor había visto pasar una caravana.

7 — ¿Los hombres? Existen, creo, seis o siete.
9 Los vi hace varios años. Pero uno nunca sabe donde encontrarlos. Se los lleva el viento. Les faltan raíces. Eso les causa muchas molestias.

13 — Adiós —dijo el principito.

14 — Adiós —dijo la flor.

Chapter XVIII

The little prince crossed the desert and only came across a single flower. A flower with three petals, a simple flower of little interest.

"Hello," said the little prince.

"Hello," said the flower.

"Where are the men?" the little prince asked politely.

The flower had once seen a caravan passing.

"Men? I think there are six or seven of them. I saw them years ago. But you never know where to find them. They are blown here and there by the wind. They lack roots, it causes them a lot of bother."

"Goodbye," said the little prince.

"Goodbye," said the flower.

Capítulo XIX

1 El principito escaló una alta montaña. Las únicas montañas que había visto jamás eran los tres volcanes que le llegaban a la rodilla. Utilizaba el volcán extinto como taburete. "Desde una montaña tan alta como esta —se dijo entonces— podré ver de un vistazo todo el planeta y todos los hombres...".

5 Pero no pudo ver más que puntas de rocas muy afiladas.

6 — Buenos días —dijo por si acaso.

7 — Buenos días... Buenos días... Buenos días... —respondió el eco.

8 — ¿Quién es usted? —dijo el principito.

9 —Quién es usted... Quién es usted... Quién es usted... —respondió el eco.

10 — Sean mis amigos; Estoy solo —dijo.

11 Estoy solo... Estoy solo... Estoy solo... —respondió el eco.

12 "¡Qué extraño planeta! —Pensó entonces. Está todo seco y puntiagudo y salado. Y los hombres carecen de imaginación. Repiten lo que uno les dice...

16 En mi casa tenía una flor: ella era la primera siempre en hablar... ".

Chapter XIX

The little prince climbed a high mountain. The only mountains he'd ever known were the three volcanoes that came up to his knees. And he used the extinct volcano as a footstool. "From a mountain as high as this one," he said to himself, "I'll be able to see the entire planet all at once, and all the people..." But he saw nothing but sharp needles of rock.

"Good morning," he said, just in case.

"Good morning... Good morning... Good morning...," answered the echo.

"Who are you?" said the little prince.

"Who are you... who are you... who are you..." answered the echo.

"Be my friends. I'm all alone," he said.

"I'm all alone... all alone... all alone...," answered the echo.

"What a funny planet!" he thought. "It's all very dry, and very jagged, and very salty. And the men lack imagination. They repeat whatever you say to them... On my planet I had a flower: she was always the first to speak..."

Capítulo XX

1 Pero sucedió que el principito, después de haber caminado largamente a través de las arenas, las rocas y las nieves, descubrió finalmente un camino.

2 Y los caminos van todos hacia los hombres.

3 — Buenos días —dijo.

4 Era un jardín adornado con rosas.

5 — Buenos días —dijeron las rosas.

6 El principito las observó. Todas se parecían a su flor.

8 — ¿Quiénes son ustedes? —Les preguntó estupefacto.

9 — Somos rosas —dijeron las rosas.

10 — ¡Ah! —dijo el principito...

11 Y se sintió muy desdichado. Su flor le había dicho que era la única de su especie en el universo. Y he aquí que había cinco mil, todas idénticas ¡en un solo jardín!

Chapter XX

But it happened that the little prince, having walked for a long time through the sands, the rocks, and the snow, at last discovered a road. And all roads lead to the dwellings of men.

"Good morning," he said.

It was a garden covered in roses.

"Good morning," said the roses.

The little prince looked at them. They all looked just like his flower.

"Who are you?" he asked them, astounded.

"We are roses," the roses said.

"Oh!" said the little prince...

And he then felt very unhappy. His flower had told him that she was the only one of her kind in the universe. And here were five thousand of them, all alike, in a single garden!

14 "Se sentiría muy ofendida —se dijo— si viera esto... tosería sin fin y fingiría morir para no hacer el ridículo. Y estaría obligado a fingir que la curo, ya que, si no, para humillarme a mí también, se dejaría realmente morir...".

16 Luego se dijo más: "Me creía rico con una flor única, y no poseo más que una rosa ordinaria. Eso y mis tres volcanes que me llegan a la rodilla, y de los cuales, uno de ellos está quizá extinto para siempre; eso no hace de mi realmente un gran príncipe...".

18 Y acostado sobre el pasto, lloró.

"She'd be very upset," he said to himself, "if she saw this... she'd cough tremendously and pretend to die to avoid the ridicule. And I would have to pretend to nurse her, because otherwise, to humble me too, she really would allow herself to die..."

He continued to himself: "I considered myself rich, with a flower that was one of a kind, and all I have is a common rose. That, and my three volcanoes that come up to my knees, of which one is perhaps forever extinct; that doesn't make me a very great prince..." And lying in the grass, he cried.

<table>
<tr><th>Capítulo XXI</th><th>Chapter XXI</th></tr>
</table>

Capítulo XXI / Chapter XXI

1	Fue entonces cuando apareció el zorro.	It was then that the fox appeared:
2	— Buenos días —dijo el zorro.	"Good morning," said the fox.
3	—Buenos días —dijo cortésmente el principito, quien se dio la vuelta, pero no vio nada.	"Good morning," responded the little prince politely, who turned around, but saw nothing.
4	— Aquí estoy —dijo la voz bajo el manzano...	"I'm right here," the voice said, "under the apple tree..."
5	— ¿Quién eres tú? —dijo el principito. Eres muy bonito...	"Who are you?" asked the little prince. "You're very pretty."
7	— Soy el zorro —dijo el zorro.	"I'm a fox," the fox said.
8	— Ven a jugar conmigo —le propuso el principito.	"Come and play with me," proposed the little prince.
9	Me siento tan trise...	"I'm so unhappy... "
10	— No puedo jugar contigo —dijo el zorro. No estoy domesticado.	"I can't play with you," said the fox. "I am not tamed."
12	— ¡Ah! perdón —dijo el principito.	"Oh! I'm sorry," said the little prince.
13	Pero después de pensarlo, añadió:	But after some thought, he added:
14	— ¿Qué significa "domesticar"?	"What does it mean—'to tame'?"
15	No eres de por aquí —dijo el zorro— ¿Qué buscas?	"You aren't from here," said the fox. "What are you looking for?"

16	— Busco a los hombres —dijo el principito. ¿Qué significa "domesticar"?	"I'm looking for the men," said the little prince. "What does 'to tame' mean?"
18	— Los hombres —dijo el zorro— tienen rifles y cazan. ¡Es muy molesto! También crían gallinas.	"Men," said the fox, "they have rifles, and they hunt. It's very bothersome. They also raise chickens.
21	Es lo único que les interesa. ¿Buscas gallinas?	It's their sole interest. Are you looking for chickens?"
23	— No —dijo el principito. Busco amigos. ¿Qué significa "domesticar"?	"No," said the little prince. "I am looking for friends. What does 'to tame' mean?"
26	— Es algo que ha pasado al olvido —dijo el zorro. Significa "crear lazos".	"It's something that's too often forgotten," said the fox. "It means 'to establish bonds.'"
28	— ¿Crear lazos?	"'To establish bonds?'"
29	— Claro —dijo el zorro. Aún no eres para mí sino un niño pequeño igual a otros cien mil niños pequeños.	"Of course," said the fox. "To me, you're still only a little boy, just like a hundred thousand other little boys.
31	Y no te necesito. Y tú no me necesitas tampoco.	And I don't need you. And you don't need me either.
33	No soy para ti más que un zorro igual a otros cien mil zorros. Pero, si me domesticas, nos necesitaremos el uno al otro. Tú serás para mí único en el mundo.	To you, I'm only a fox, just like a hundred thousand other foxes. But if you tame me, we'll need one another. To me, you'll be unique in the entire world.
36	Yo seré para ti único en el mundo...	To you, I'll be unique in the entire world..."
37	— Empiezo a entender —dijo el principito. Hay una flor... creo que me domesticó...	"I'm starting to understand," said the little prince. "There's a flower... I think she's tamed me..."

39 — Es posible —dijo el zorro. En la Tierra se ve todo tipo de cosas.	"It's possible," said the fox. "On Earth you see all kinds of things."
41 — ¡Oh! No es en la Tierra —dijo el principito.	"Oh, but she's not on Earth!" said the little prince.
42 El zorro pareció intrigado:	The fox seemed very intrigued:
43 — ¿En otro planeta?	"On another planet?"
44 — Sí.	"Yes."
45 — ¿Hay cazadores en ese planeta?	"Are there hunters on that planet?"
46 — No.	"No."
47 — ¡Qué interesante! ¿Y gallinas?	"That really is interesting! And chickens?"
49 — No.	"No."
50 No hay nada perfecto —suspiró el zorro.	"Nothing is perfect," sighed the fox.
51 Pero el zorro regresó a su idea:	But the fox came back to his idea.
52 — Mi vida es monótona. Yo cazo gallinas, los hombres me cazan. Todas las gallinas son iguales, y todos los hombres son iguales. Por lo tanto, me aburro un poco. Pero si me domesticas, mi vida se llenará de sol.	"My life is monotonous. I hunt chickens, men hunt me. All the chickens look alike, and all the men look alike. So I get a bit bored. But if you tame me, it would bring some sunlight into my life.
57 Reconoceré un sonido de unos pasos que será distinto de todos los demás. Los demás hacen que me esconda bajo la tierra. El tuyo me llamará fuera de la madriguera, como si fuera música. Y luego ¡mira!	I'll come to know a sound of footsteps that will be different from all the others. Other footsteps make me go back underground. Yours will call me out of my burrow like music. And then look!
61 ¿Ves, a lo lejos, los campos de trigo? Yo no como pan. El trigo es innecesario para mí. Los campos de trigo no me recuerdan nada. ¡Y eso es triste!	You see the wheat fields down there? I don't eat bread. Wheat is of no use to me. The wheat fields don't remind me of anything. And that's sad.
65 Pero tienes el pelo de color oro. ¡Entonces será maravilloso cuando me hayas domesticado! El trigo, que es dorado, me recordará a ti. Y amaré el sonido del viento en el trigo...	But you have hair the colour of gold. So it'll be wonderful when you've tamed me! The wheat, which is golden, will remind me of you. And I'll love the sound of the wind in the wheat..."
70 El zorro guardó silencio y observó largamente al principito.	The fox fell silent and gazed at the little prince for a long while.
71 — ¡Por favor... Domestícame! —dijo.	"Please... tame me!" he said.
72 — Estoy dispuesto —respondió el principito— pero no tengo mucho tiempo. Tengo amigos por descubrir y muchas cosas por conocer.	"I really want to," the little prince replied, "but I don't have a lot of time. I have friends to discover, and many things to understand."

74 No se conoce más que las cosas que uno domestica —dijo el zorro. Los hombres ya no tienen tiempo para conocer nada. Compran las cosas prefabricadas con los comerciantes. Pero como no existen comerciantes de amigos, los hombres ya no tienen amigos.

78 Si quieres un amigo ¡domestícame!

79 — ¿Qué hay que hacer? —dijo el principito.

80 — Hay que ser muy paciente —respondió el zorro.
81 Te sentarás primero un poco alejado de mí, así, sobre el pasto. Te miraré con el rabillo del ojo y no dirás nada. El lenguaje es fuente de malos entendidos. Pero, cada día, podrás sentarte un poco más cerca...

85 A la mañana siguiente regresó el principito.

"One only understands the things that one tames," said the fox. "Men no longer have the time to get to know anything. They buy things ready made in the shops. But as there aren't any shopkeepers that sell friends, men no longer have any friends. If you want a friend, tame me!"

"What should I do?" asked the little prince.

"You have to be very patient," replied the fox. "First you'll sit down a bit far away from me, like this, in the grass. I'll watch you out of the corner of my eye and you won't say anything. Words are a source of misunderstandings. But, every day, you'll be able to sit a little closer..."

The next day the little prince came back.

86 — Hubiera sido mejor regresar a la misma hora — dijo el zorro. Si vienes, por ejemplo, a las cuatro de la tarde, a partir de las tres empezaré a ponerme contento. Entre más avanzará la hora, más me pondré contento. Cuando den las cuatro, me agitaré y estaré intranquilo; ¡descubriré el precio de la felicidad!

90 Pero si vienes a cualquier hora, nunca sabré a qué hora ataviar mi corazón... los rituales son necesarios.

91 — ¿Qué es un ritual? —Dijo el principito.

92 — Es también algo harto olvidado —dijo el zorro. Es lo que hace que un día sea diferente de los demás días; una hora diferente de las demás horas.

94 Existe un ritual, por ejemplo, entre los cazadores. Bailan el jueves con las jóvenes del pueblo.

96 ¡Entonces el jueves es un día maravilloso! Me paseo hasta la viña. Si los cazadores bailaran cualquier día, los días se parecerían todos, y no tendría vacaciones.

99 Y así el principito domesticó al zorro. Y cuando se acercó la hora de partir:

101 — ¡Ah...! —Dijo el zorro— Voy a llorar.

102 — Es tu culpa —dijo el principito— yo no quería lastimarte, pero tú quisiste que te domesticara...

103 — Claro —dijo el zorro.

104 — ¡Pero vas a llorar! —Dijo el principito.

105 — Claro —dijo el zorro.

106 — ¡Entonces no ganas nada!

107 — Sí gano —dijo el zorro— por el color del trigo.

108 Después agregó:

109 — Regresa con las rosas. Comprenderás que la tuya es única en el mundo. Regresarás a decirme adiós, y te regalaré un secreto.

"It would've been better to come back at the same time of day," said the fox. "If you come, for example, at four o'clock in the afternoon, from three o'clock I'd start to feel happy. As time went on, I'd feel happier and happier. Already by four o'clock, I'd be jumping about and getting restless; I'd discover the price of happiness! But if you come at just any time, I'll never know at what time my heart should be ready to greet you... we must have rites..."

"What's a rite?" asked the little prince.

"They are also something too often forgotten," said the fox. "They are what make one day different from other days, one hour different from other hours. There's a rite, for example, among my hunters. On Thursdays they dance with the girls of the village. So Thursday is a wonderful day! I go walking as far as the vineyards. If the hunters danced just whenever, all the days would be alike, and I'd never have any holiday."

Thus the little prince tamed the fox. And when the time to leave drew near:

"Oh," said the fox, "I'll cry."

"It's your fault," said the little prince, "I never wished you any harm, but you wanted me to tame you..."

"Of course," said the fox.

"But you're going to cry!" said the little prince.

"Of course," said the fox.

"So you've gained nothing from this!"

"I have gained something," said the fox, "because of the colour of the wheat."

And then he added:

"Go and see the roses again. You'll understand that yours is unique in the entire world. Then you'll come back to say goodbye to me, and I'll give you a secret as a present."

112	El principito se fue a ver a las rosas:	The little prince went away to see the roses again:
113	— No son para nada iguales a mi rosa, aún no son nada —les dijo. Nadie las ha domesticado y ustedes no han domesticado a nadie. Son como era mi zorro.	"You aren't like my rose at all, you are nothing yet," he told them. No one has tamed you, and you haven't tamed anyone. You're like my fox used to be. He was only a fox, just like a hundred thousand others. But I've made him my friend, and now he's unique in the entire world."
116	No era más que un zorro igual a otros cien mil zorros. Pero lo convertí en mi amigo, y es realmente único en el mundo.	
118	Las rosas se sentían muy incómodas.	And the roses were very embarrassed.
119	— Son bellas, pero están vacías —les dijo nuevamente. No se puede morir por ustedes. Claro que un transeúnte ordinario, tratándose de mi rosa, creería que se parece a ustedes. Pero por sí misma, ella es más importante que todas ustedes, porque es la que yo he regado. Porque es a la que yo le puse la campana.	"You are beautiful, but you are empty," he continued to them. "One could not die for you. Of course, an ordinary passer-by would think that my rose looked just like you. But she alone is more important than all of you; because it's her that I watered. Because it's her that I put under the glass dome. Because it's her that I sheltered with the screen. Because it's her caterpillars that I killed (except two or three, to become butterflies). Because it's her that I listened to complain, or boast, or even sometimes when she said nothing. Because she's my rose."
124	Porque es la que yo protegí con el biombo.	
125	Porque es a la que le maté las orugas (excepto una o dos para las mariposas). Porque es a la que escuché quejarse, o presumir, o incluso algunas veces callar. Porque es mi rosa.	
128	Y regresó con el zorro.	And he went back to the fox:
129	— Adiós... —dijo.	"Goodbye... ," he said.
130	— Adiós —dijo el zorro. He aquí mi secreto. Es muy sencillo: no se puede ver claro más que con el corazón. Lo esencial es invisible para los ojos.	"Goodbye," said the fox. "Here's my secret. It's very simple: one only sees clearly with the heart. What is essential is invisible to the eye."
134	— Lo esencial es invisible para los ojos —repitió el principito, para recordarlo.	"What is essential is invisible to the eye," repeated the little prince, so as to remember.
135	Es el tiempo que perdiste con tu rosa lo que hace tan importante a tu rosa.	"It is the time you have lost for your rose that makes your rose so important."
136	—Es el tiempo que perdí con mi rosa... —Dijo el principito, para recordarlo.	"It is the time I have lost for my rose..." said the little prince, so as to remember.
137	— Los hombres han olvidado esta verdad —dijo el zorro. Pero no debes olvidarla. Te vuelves responsable para siempre de todo aquellos que has domesticado.	"The men have forgotten this truth," said the fox. "But you must not forget it. You become forever responsible for that which you have tamed. You are responsible for your rose..."
140	Eres responsable de tu rosa...	
141	— Soy responsable de mi rosa... —repitió el principito, para recordarlo.	"I am responsible for my rose," repeated the little prince, so as to remember.

	CAPÍTULO XXII	CHAPTER XXII

<table>
<tr><td>1</td><td>— Buenos días —dijo el principito.</td><td>"Good morning," said the little prince.</td></tr>
<tr><td>2</td><td>— Buenos días —dijo el guardavías.</td><td>"Good morning," said the switchman.</td></tr>
<tr><td>3</td><td>— ¿Qué haces? —dijo el principito.</td><td>"What are you doing here?" the little prince asked.</td></tr>
<tr><td>4</td><td>— Separo a los pasajeros por paquetes de mil —dijo el guardavías. Despacho los trenes que los transportan, ya a la derecha, ya a la izquierda.</td><td>"I sort travelers, in bundles of a thousand," said the switchman. "I dispatch the trains that carry them, sometimes to the right, sometimes to the left."</td></tr>
<tr><td>6</td><td>Y un rápido iluminado, retumbando como el trueno, hizo temblar la caseta de cambios de vía.</td><td>And a brilliantly lit express, rumbling like thunder, shook the switchman's cabin.</td></tr>
<tr><td>7</td><td>— Llevan mucha prisa —dijo el principito. ¿Qué buscan?</td><td>"They really are in a hurry," said the little prince. "What are they looking for?"</td></tr>
<tr><td>9</td><td>— El hombre de la locomotora lo ignora él mismo —dijo el guardavías.</td><td>"Not even the locomotive engineer knows that," said the switchman.</td></tr>
<tr><td>10</td><td>Y retumbó en sentido contrario, un segundo rápido iluminado.</td><td>A second brilliantly lit express thundered by in the opposite direction.</td></tr>
<tr><td>11</td><td>— ¿Ya vienen de regreso? —Preguntó el principito.</td><td>"Are they already coming back?" asked the little prince.</td></tr>
<tr><td>12</td><td>— No son los mismos dijo el guardavías. Es un intercambio.</td><td>"These aren't the same ones," said the switchman. "It's an exchange."</td></tr>
<tr><td>14</td><td>— ¿No eran felices allí donde estaban?</td><td>"Weren't they happy, where they were?"</td></tr>
<tr><td>15</td><td>— Uno nunca es feliz donde está —dijo el guardavías.</td><td>"No one is ever happy where they are," said the switchman.</td></tr>
<tr><td>16</td><td>Y retumbó el trueno de un tercer rápido iluminado.</td><td>And the thunder of a third lit express rumbled.</td></tr>
<tr><td>17</td><td>— ¿Persiguen a los primeros viajeros? —Preguntó el principito.</td><td>"Are they pursuing the first travelers?" asked the little prince.</td></tr>
<tr><td>18</td><td>— No persiguen nada de nada —dijo el guardavías. Allí dentro duermen, o quizá bostezan. Sólo los niños aplastan sus narices contra el vidrio.</td><td>"They aren't pursuing anything at all," said the switchman. "They're asleep in there, or if not, they're yawning. Only the children are squashing their noses against the windowpanes."</td></tr>
<tr><td>21</td><td>— Sólo los niños saben lo que buscan —dijo el principito. Pierden el tiempo por una muñeca de trapo, y se vuelve muy importante, y si se la quitan, lloran...</td><td>"Only the children know what they're looking for," said the little prince. "They loose their time over a rag doll and it becomes very important to them; and if someone takes it away from them, they cry..."</td></tr>
<tr><td>23</td><td>— Tienen suerte —dijo el guardavías.</td><td>"They're lucky," said the switchman.</td></tr>
</table>

Capítulo XXIII

1 — Buenos días —dijo el principito.

2 — Buenos días —dijo el comerciante.

3 Era un comerciante de píldoras mejoradas que calman la sed. Se toma una a la semana y no se vuelve a sentir la necesidad de beber.

5 — ¿Por qué vendes eso? —Dijo el principito.

6 — Significa un gran ahorro de tiempo —dijo el comerciante. Los expertos han hecho los cálculos. Se ahorran cincuenta y tres minutos por semana.

9 — ¿Y qué hace uno con esos cincuenta y tres minutos?

10 — Se puede hacer lo que uno quiera...

11 "Yo —dijo el principito— si tuviera que gastar cincuenta y tres minutos, caminaría lentamente hacia una fuente..."

Chapter XXIII

"Good morning," said the little prince.

"Good morning," said the merchant.

It was a seller of sophisticated pills that quench thirst. You take one a week, and you no longer feel the need to drink.

"Why do you sell that?" said the little prince.

"It's a great time saving," said the merchant. "Experts have done calculations. You save fifty-three minutes per week."

"And what do I do with the fifty-three minutes?"

"You can do anything you like with them..."

"Myself," the little prince said to himself, "if I had fifty-three minutes to spend, I'd walk very slowly toward a spring..."

1	Estábamos en el octavo día de la avería en el desierto, y había escuchado la historia del comerciante bebiendo la última gota de mi reserva de agua:	We were at the eighth day of my breakdown in the desert, and I'd listened to the story of the merchant as I drank the last drop of my water supply.
2	— ¡Ah! —Le dije al principito— son muy bellos tus recuerdos, pero aún no he reparado mi avión, ya no tengo nada que beber, y sería feliz, yo también, si pudiera caminar lentamente hacia una fuente.	"Ah," I said to the little prince, "these memories of yours are very nice; but I haven't repaired my plane yet, I have nothing left to drink, and I too, would be happy if I could walk very slowly towards a spring!"
3	— Mi amigo el zorro... —Me dijo.	"My friend the fox—" he said to me.
4	— ¡Mi pequeñín, ya no importa el zorro!	"My little fellow, this has nothing to do with the fox!"
5	— ¿Por qué?	"Why not?"
6	— Porque vamos a morir de sed...	"Because we will die of thirst..."
7	No entendió mi razonamiento y me contestó:	He didn't follow my reasoning, and he answered:
8	— Es bueno haber tenido un amigo, incluso si uno muere. Yo estoy feliz de haber tenido un amigo zorro...	"It's good to have had a friend, even if you're going to die. Myself, I'm glad to have had a fox as a friend..."
10	"No mide el peligro —me dije. No tiene nunca ni hambre ni sed. Un poco de sol le basta...".	"He doesn't consider the danger," I said to myself. "He's never hungry or thirsty. A little sunshine is all he needs..."
13	Pero me miró y respondió a mis pensamientos:	But he looked at me and replied to my thought:
14	— también tengo sed... Busquemos un pozo...	"I'm also thirsty... Let's look for a well..."
15	Tuve un gesto de desconsuelo: es absurdo buscar pozos, al azar, en la inmensidad del desierto.	I made a gesture of weariness: it's absurd to look for a well, at random, in the immensity of the desert.
16	Sin embargo, nos pusimos en marcha.	Nevertheless we set off.
17	Cuando habíamos caminado durante horas, en silencio, cayó la noche, y las estrellas empezaron a iluminarse. Yo las veía como en un sueño, ya que tenía un poco de fiebre a causa de la sed. Las palabras del principito danzaban en mi memoria:	When we had walked for hours in silence, night fell, and the stars began to shine. I saw them as if in a dream, as I had a bit of fever, due to my thirst. The little prince's words danced in my memory:
20	— ¿Tienes sed, tú también? —Le pregunté.	"So you're also thirsty?" I asked him.
21	Pero no contestó mi pregunta. Solamente me dijo:	But he didn't reply to my question. He said simply:
23	— El agua también puede ser buena para el corazón...	"Water can also be good for the heart..."
24	No comprendí su respuesta, pero guardé silencio...	I didn't understand his answer, but I said nothing.

25 Sabía perfectamente que no había que interrogarlo.	I knew well that I shouldn't press my questions.
26 Estaba cansado. Se sentó. Yo me senté cerca de él. 29 Y, después de un silencio, dijo nuevamente:	He was tired. He sat down. I sat down beside him. And, after a silence, he spoke again:
30 — Las estrellas son bellas porque existe una flor que uno no puede ver...	"The stars are beautiful because of a flower that can't be seen... "
31 Contesté "claro" y yo lo miraba, sin hablar, los pliegues de la arena bajo la luna.	I replied "of course." And I looked, without saying anything, at the folds of sand in the moonlight.
32 — El desierto es bello —agregó.	"The desert is beautiful," he added.
33 Y era verdad. Siempre he amado el desierto. Uno se sienta sobre una duna de arena. No se ve nada. 37 No se escucha nada. Y sin embargo, algo resplandece en silencio...	And it was true. I have always loved the desert. You sit down on a sand dune. You see nothing. You hear nothing. And yet something radiates forth in silence...
39 Lo que embellece el desierto —dijo el principito— es que —esconde un pozo en alguna parte...	"What makes the desert beautiful," said the little prince, "is that somewhere it hides a well..."
40 Me sorprendió entender de pronto ese misterioso resplandor de la arena. Cuando era niño, vivía en una vieja casa, y cuenta la leyenda que había un tesoro escondido. Claro que nunca nadie pudo descubrirlo, ni quizá incluso buscarlo. 43 Pero hechizaba toda la casa. Mi casa escondía un secreto en el fondo de su corazón...	I was surprised to suddenly understand this mysterious radiation of the sands. When I was a little boy I lived in an old house, and legend told that a treasure was buried there. Of course, no one had ever been able to find it, or perhaps had even looked for it. But it cast an enchantment over that house. My house was hiding a secret in the depths of its heart...
45 — Sí —le dije al principito—ya sea que se trate de la casa, de las estrellas o del desierto, lo que los hace bellos es invisible.	"Yes," I said to the little prince. "Whether it's the house, the stars, or the desert, that which gives them their beauty is invisible!"
46 Me da gusto —me dijo— que estés de acuerdo con mi zorro.	"I'm glad," he said, "that you agree with my fox."
47 Ya que el principito cayó dormido, lo tomé en mis brazos y me puse en marcha nuevamente. Estaba conmovido. Me parecía llevar un frágil tesoro. 50 Me parecía incluso que no había nada más frágil sobre la Tierra. Observaba, bajo la luz de la luna, esa frente pálida, esos ojos cerrados, esos mechones de cabello que se sacudían al viento, y me decía: 52 "Lo que veo aquí es sólo una corteza. Lo más importante es invisible...".	As the little prince was falling asleep, I took him in my arms and set out walking again. I felt deeply moved. It seemed that I was carrying a fragile treasure. It even seemed that there was nothing more fragile on Earth. I looked in the moonlight at his pale forehead, his closed eyes, his locks of hair that trembled in the wind, and I said to myself: "What I see there is only a shell. That which is most important is invisible..."

54 Como sus labios entreabiertos esbozaban una media sonrisa, me dije nuevamente: "Lo que me conmueve tanto de este principito es su lealtad hacia una flor, es la imagen de una rosa que resplandece en él como la llama de una lámpara, incluso cuando duerme...".

As his slightly parted lips traced a half-smile, I continued: "What I find so deeply moving about this little sleeping prince is his loyaty to a flower; it's the image of a rose that shines in him like the flame of a lamp, even when he's sleeping..."

55 Y lo adivinaba más frágil aún. Hay que proteger muy bien las lámparas: un golpe de viento puede apagarlas...

And I perceived him as even more fragile. One has to protect lamps well: a gust of wind can put them out...

57 Y, caminando así, descubrí el pozo al amanecer.

And, walking like this, I found the well at daybreak.

Capítulo XXV	Chapter XXV

1 — Los hombres —dijo el principito— se internan en los rápidos, pero ya no saben lo que buscan. Entonces se agitan y dan vueltas.

"Men," said the little prince, "squeeze themselves into express trains, but they no longer know what they are looking for. So they rush about, and go round in circles…"

3 Y agregó:

And he added:

4 — No vale la pena.

"It's not worth it…"

5 El pozo al que habíamos llegado no se parecía a los pozos saharianos. Los pozos saharianos son simples hoyos excavados en la arena Éste parecía un pozo de aldea.

The well that we had reached wasn't like the wells of the Sahara. The wells of the Sahara are mere holes dug in the sand. This one looked like a village well.

8 Pero no había ahí ninguna aldea.

But there was no village there, and I thought I was dreaming.

9 — Es extraño —le dije al principito— todo está listo: la polea, la cubeta y la cuerda…

"It's strange," I said to the little prince, "Everything'sis ready: the pulley, the bucket, and the rope…"

10 Rió, tocó la cuerda, hizo girar la polea.

He laughed, took the rope, and put the pulley to work.

11 Y la polea gimió como gime una vieja veleta cuando el viento se ha quedado dormido mucho tiempo.

And the pulley groaned like an old weathervane, when the wind has slept for a long time.

12 — ¿Oyes? —Dijo el principito— hemos despertado este pozo y canta…

"Can you hear that?" said the little prince, "We're waking up the well, and it's singing…"

13 No quería que hiciera ningún esfuerzo:

I didn't want him to strain himself.

14 — Déjame a mí —le dije— es demasiado pesada para ti.

"Let me do it," I said, "It's too heavy for you."

15 Lentamente, subí la cubeta hasta el brocal. La coloqué firmemente. En mis oídos permanecía el canto de la polea y, en el agua que aún temblaba, veía temblar el sol.

I hoisted the bucket slowly to the edge of the well. There I set it down good and level. The song of the pulley carried on in my ears, and in the still trembling water I could see the sun shaking.

18 — Tengo sed de esa agua —dijo el principito— dame de beber…

"I'm thirsty for this water," said the little prince. "Give me some to drink…"

19 ¡Y comprendí lo que había estado buscando!

And I understood what he had been looking for!

20 Levanté la cubeta hasta sus labios. Bebió con los ojos cerrados. Era dulce como una fiesta. Esa agua era algo más que un alimento. Había nacido de la caminata bajo las estrellas, del canto de la polea, del esfuerzo de mis brazos. Era propicia para el corazón, como un regalo.

I raised the bucket to his lips. He drank, his eyes closed. It was as sweet as a festival. This water was very different from a nutriment. It was born of the walk under the stars, of the singing of the pulley, of the effort of my arms. It was good for the heart, like a present.

26	Cuando era niño, la luz del árbol de Navidad, la música de la misa de medianoche, la dulzura de las sonrisas, creaban así, todo el esplendor del regalo de Navidad que recibía.	When I was a little boy, the lights of the Christmas tree, the music of the Midnight Mass, the tenderness in the smiles produced, in a similar way, the radiance of the gift that I received.
27	—Los hombres de tu mundo —dijo el principito— cultivan cinco mil rosas en un mismo jardín... y no encuentran lo que buscan...	"The men where you live," said the little prince, "grow five thousand roses in a single garden... and they don't find what they're looking for there."
28	— No lo encuentran... —respondí.	"They don't find it," I replied.
29	— Y, sin embargo, lo que buscan puede encontrarse en una sola rosa o en un poco de agua...	"And yet what they're looking for could be found in a single rose, or a little water ..."
30	— Por supuesto —respondí.	"Of course," I said.
31	Y el principito añadió:	And the little prince added:
32	— Pero los ojos son ciegos. Hay que buscar con el corazón.	"But the eyes are blind. You have to search with the heart..."
34	Había bebido. Respiraba bien. La arena, al amanecer, es color miel. Me hacía feliz también ese color miel. ¿Por qué tendría que estar triste...	I had drunk the water. I breathed easily. Sand, at sunrise, is the color of honey. I was also glad of this honey color. Why did I have to have this feeling of grief...
39	— Debes cumplir tu promesa —me dijo lentamente el principito, quien, nuevamente, se había sentado junto a mí.	"You have to keep your promise," said the little prince softly, who had again sat down beside me.
40	— ¿Qué promesa?	"What promise?"
41	— Ya sabes... Un bozal para mi oveja... Soy responsable de esa flor.	"You know... a muzzle for my sheep... I'm responsible for this flower..."
42	Saqué de mi bolsa mis esbozos de dibujo. El principito lo vio y dijo riéndose:	I took my sketches out of my pocket. The little prince saw them, and laughed as he said:
44	— Tus baobabs parecen se parecen más a unas coles...	"Your baobabs – they look a bit like cabbages."
45	—¡Oh!	"Oh!"
46	¡Yo que estaba tan orgulloso de los baobabs!	And I'd been so proud of my baobabs!
47	— Tu zorro... Sus orejas... Se parecen más a unos cuernos... ¡Y son demasiado largas!	"Your fox... his ears... they look a bit like horns... and they're too long!"
48	Y rió nuevamente.	And he laughed again.

49	— Eres injusto, pequeño, yo no sabía dibujar más que boas cerradas y boas abiertas.	"You are being unfair, my little fellow, I didn't know how to draw anything except closed boas and open boas."
50	—¡Oh! Estará bien —dijo— los niños saben.	"Oh, it'll be all ok," he said, "children understand."
51	Bosquejé entonces un bozal. Y se me oprimió el corazón al entregárselo:	So I made a pencil sketch of a muzzle. And I felt a pang in my heart as I gave it to him.
53	— Tienes planes que ignoro...	"You have plans that I don't know about..."
54	Pero no me respondió. Me dijo:	But he didn't respond. He said to me:
56	— ¿Sabes? Mi caída sobre la Tierra... Mañana será el aniversario...	"You know, my descent to Earth... tomorrow will be its anniversary."
57	Y, después de un silencio, dijo nuevamente:	Then after a silence he went on:
58	Caí muy cerca de aquí...	"I came down very near here."
59	Y se ruborizó.	And he blushed.
60	Y nuevamente, sin entender por qué, experimenté una extraña tristeza. Sin embargo, se me vino una pregunta:	And once again, without understanding why, I felt a peculiar sense of sorrow. One question occurred to me however:
62	Entonces no fue por casualidad que, la mañana en que te conocí, hace ocho días, deambulabas así, solitario, a mil millas de cualquier región habitada.	"So it wasn't by chance that the morning I met you, eight days ago, you were out walking like that, all alone, a thousand miles from any inhabited region? You were going back to the point of your descent?"
63	¿Regresabas hacia el sitio de tu caída?	
64	El principito se ruborizo nuevamente.	The little prince blushed again.
65	Y agregué, vacilante:	And I added, hesitantly:
66	— ¿A causa, quizá, del aniversario?	"Perhaps because of the anniversary...?"
67	El principito se ruborizo nuevamente. Él no contestaba nunca a las preguntas, pero, cuando uno se ruboriza, significa "sí" ¿no es cierto?	The little prince blushed once more. He never answered questions, but when one blushes, that means 'yes,' doesn't it?
69	— ¡Ah! —Le dije— tengo miedo.	"Oh," I said to him, "I'm afraid..."
70	Pero me respondió:	But he responded:
71	— Ahora debes trabajar. Debes regresar hacia tu máquina. Aquí te espero. Vuelve mañana por la noche...	"Now you must work. You must go back to your machine. I'll wait for you here. Come back tomorrow evening..."

75	Pero no me quedé tranquilo. Me acordaba del zorro.	But I wasn't reassured. I remembered the fox.
77	Se corre el riesgo de llorar un poco si uno se ha dejado domesticar...	One runs the risk of weeping a little, if one allows oneself to be tamed...

Capítulo XXVI

1 Junto al pozo estaba la ruina de un viejo muro de piedra. Cuando regresé de mi trabajo, al día siguiente por la noche, percibí de lejos a mi principito sentado allá arriba, con las piernas colgando.
3 Y lo escuché hablar:

4 — ¿En verdad no te acuerdas? —decía. No es exactamente aquí.

6 Otra voz le respondió sin duda, ya que replicó:

7 — ¡Sí! ¡Sí! Es el día correcto, pero no es el lugar...

8 Seguí caminando hacia el muro. No veía ni escuchaba todavía a nadie más. Sin embargo, el principito replicó nuevamente.

11 — ...Claro. Verás como empieza mi huella en la arena. Sólo tendrás que esperarme. Ahí estaré esta noche...

Chapter XXVI

There was, next to the well, the ruin of an old stone wall. When I came back from my work, the next evening, I spotted from a distance my little price sitting on top of it, his feet hanging down. And I heard him say:

"Don't you remember then?" he said. "It's not quite here!"

Another voice without doubt answered him, because he replied:

"Yes, yes! It's the right day, but this isn't the right place."

I continued my walk towards the wall. I still didn't see or hear anyone. Yet the little prince replied again:

"...Of course. You'll see where my tracks begin in the sand. You just have to wait for me there. I'll be there tonight..."

| 15 | Estaba a veinte metros del muro y aún no veía nada. | I was twenty meters from the wall, and I still saw nothing. |

16   El principito dijo nuevamente tras un silencio:

         The little prince spoke again, after a pause:

17   ¿Tienes un buen veneno? ¿Estás seguro de que no me harás sufrir durante mucho tiempo?

         "Do you have good poison? Are you sure you won't make me suffer for long?"

19   Me detuve con el corazón en un puño, pero aún no entendía.

         I halted, my heart skipped a beat; but I still didn't understand.

20   — Ahora, vete... —dijo— ¡quiero volver a bajar!

         "Now go away," he said, "I want to come back down!"

21   Entonces yo mismo bajé la vista hacia el pie del muro y ¡tuve un sobresalto! Ahí estaba, erguida hacia el principito, una de esas serpientes amarillas que te matan en treinta segundos.

         So I then brought my eyes down to the foot of the wall, and I leapt up! It was right there, raised up towards the little prince, one of those yellow snakes that kills you in thirty seconds.

23   Hurgando en mi bolsillo para sacar mi revolver, comencé a correr, pero, al escuchar el ruido que hice, la serpiente se escurrió suavemente sobre la arena, como un surtidor de agua que muere, y, sin precipitarse, se escabulló entre las piedras con un ligero ruido de metal.

         Even as I dug around in my pocked to take out my revolver, I started to run. But, at the noise I made, the snake let himself flow easily across the sand, like the dying spray of a fountain, and without hurrying too much, slipped between the stones with a light metallic sound.

24   Llegué al muro justo a tiempo para ver recibir en mis brazos pequeño príncipe, pálido como la nieve.

         I reached the wall just in time to catch my little fellow, my prince, in my arms, pale as snow.

25   — ¡¿Qué son estos cuentos?! ¡Ahora hablas con las serpientes!

         "What's going on here? So now you talk with snakes!"

27   Había desanudado su eterna bufanda de oro. Le había mojado las sienes y le había dado de beber.

29   Y ahora ya no me atrevía a preguntarle nada. Me miraba gravemente y me rodeó el cuello con sus brazos.

31   Sentía mi corazón latir como el de un ave que muere, herida por el disparo de una carabina. Me dijo:

         I had loosened his eternal golden muffler. I had moistened his temples and made him drink. And now I didn't dare ask him anything more. He looked at me gravely and put his arms around my neck. I felt his heart beat like that of a dying bird, when it has been shot with a rifle. He said to me:

33   — Me alegra que hayas encontrado lo que le faltaba a tu máquina. Vas a poder regresar a casa...

         "I'm glad that you've found what was missing from your machine. You'll be able to go back home..."

35   — ¡¿Cómo lo sabes?!

         "How do you know?!"

36   Venía precisamente a anunciarle que, contra todo pronóstico, había logrado terminar mi trabajo.

         I was just coming to tell him that, against all expectations, I had succeeded in my work.

37   No contestó mi pregunta, pero agregó:

         He didn't respond anything to my question, but he added:

38 — Yo también, hoy, regreso a casa...	"I'm also going back home today..."
39 Y luego, melancólico:	Then, sadly:
40 — Es mucho más lejos... Mucho más difícil...	"It's a lot further... it's much more difficult..."
41 Me daba cuenta de que estaba sucediendo algo extraordinario. Lo apretaba en mis brazos como a un niño pequeño, y, sin embargo, me parecía que se escurría verticalmente en un abismo sin que pudiera hacer nada para detenerlo...	I felt very clearly that something extraordinary was happening. I held him tightly in my arms like a small child; and yet it seemed to me that he was plummeting down into an abyss, and that I could do nothing to hold on to him...
43 Tenía la mirada seria, perdida en lontananza:	He had a serious look, lost far away.
44 — Tengo tu oveja. Y tengo la caja para la oveja.	"I have your sheep. And I have the box for the sheep.
46 Y tengo el bozal...	And I have the muzzle..."
47 Y sonrió con melancolía.	And he smiled sadly.
48 Esperé largamente. Sentí que se calentaba un poco:	I waited a long while. I could feel that he was warming back up, little by little.
50 — Pequeño, tuviste miedo...	"Little fellow, you were afraid..."
51 ¡Claro que había tenido miedo! Pero rió suavemente:	He had been afraid, of course! But he laughed softly:
53 — Tendré mucho más miedo esta noche...	"I'll be much more afraid this evening..."
54 Nuevamente me sentí helado por el sentimiento de lo irremediable. Y comprendí que no soportaba la idea de no volver a escuchar esa risa jamás.	Again I felt myself frozen by the sense of something irremediable. And I understood then that I couldn't bear the idea of never hearing this laugh again.
56 Era para mí como una fuente en el desierto.	For me, it was like a spring in the desert.
57 Pequeño, quiero escucharte reír nuevamente...	"Little fellow, I want to hear you laugh again... "
58 Pero me dijo:	But he said to me:
59 — Está noche se cumplirá un año. Mi estrella se encontrará justo por encima del lugar donde caí el año pasado.	"Tonight, it will be a year. My star will be right above the place where I came down, last year..."
61 — Pequeñín ¿no es cierto que fue un mal sueño ese cuento de serpientes, de citas y de estrellas...?	"Little fellow, isn't this a bad dream – this business with the snake and with the rendezvous and the star... ?"
62 Pero no contestó mi pregunta. Me dijo:	But he didn't answer my question. He said to me:
64 — Lo importante no puede verse...	"That which is important cannot be seen..."
65 — Claro...	"Of course..."

66	— Es como lo de la flor. Si amas una flor que se encuentra en una estrella, es bello mirar el cielo por la noche. Todas las estrellas tienen flores.	"It's like with the flower. If you love a flower that is on a star, it's nice, at night, to look at the sky. All the stars are covered in flowers…"
69	— Claro…	"Of course…"
70	— Es como lo del agua. La que me diste a beber era como la música, a causa de la polea y de la cuerda… ¿Recuerdas…? Estaba buena.	"It's like with the water. That which you gave me to drink was like music, because of the pulley, and the rope… you remember… it was good."
72	— Claro…	"Of course…"
73	— Mirarás de noche las estrellas. Mi hogar es muy pequeño como para que te enseñe la mía.	"At night you'll look at the stars. It's too small where I live for me to show you where mine is located.
75	Es mejor así. Mi estrella será para ti una de las estrellas. Entonces, te agradará observar todas las estrellas. Todas serán tus amigas. Y te voy a hacer un regalo…	It's better like that. My star for you will be just one of the stars. So you'll love to look at them, all of the stars… They'll all be your friends. And, what's more, I'm going to make you a present…"
80	Rió nuevamente.	He laughed again.
81	— ¡Ah! ¡Pequeño, pequeño, adoro escucharte reír!	"Ah, little fellow, little fellow, I love to hear that laugh!"
82	— Justamente ese será mi regalo… Será como lo del agua…	"Precisely this will be my present… it'll be like with the water…"
83	— ¿Qué quieres decir?	"What do you mean?"
84	— Las personas son estrellas que no son las mismas.	"People have stars that are not the same ones.
85	Para aquellos que viajan, las estrellas son guías. Para otros no son sino pequeñas luces. Para otros, que son sabios, son acertijos. Para mi hombre de negocios, eran oro. Pero todas esas estrellas se mantienen mudas.	For some, who travel, the stars are guides. For others they are nothing but little lights. For others, who are scholars, they are problems. For my businessman they were gold. But all of those stars stay silent.
90	Tú tendrás estrellas como nadie tiene…	You will have stars as no one else has…"
91	— ¿Qué quieres decir?	"What do you mean?"
92	— Cuando mirarás al cielo, de noche, como viviré en una de ellas, como reiré en una de ellas, entonces para ti será como si todas las estrellas rieran. ¡Tú tendrás estrellas que saben reír!	"When you will look at the sky at night, because I'll be living on one of them, because I'll be laughing on one of them, for you it will be like all the stars are laughing. You will have stars that know how to laugh!"
94	Y rió nuevamente.	And he laughed again.
95	Y cuando habrás encontrado consuelo (siempre se encuentra el consuelo) estarás feliz de haberme conocido.	"And when you are comforted (one always finds consolation) you'll be glad to have known me.

96	Siempre serás mi amigo. Tendrás ganas de reír conmigo. Y abrirás de vez en cuando la ventana, así, por puro gusto... Y tus amigos se extrañarán de verte reír al mirar el cielo. Entonces les dirás: "Sí ¡Las estrellas me hacen reír todo el tiempo! "	You'll always be my friend. You'll want to laugh with me. And sometimes, you'll open your window, just like that, for fun... And your friends will be very surprised to see you laughing as you look at the sky. So you'll tell them, "Yes, the stars always make me laugh!"
101	Y creerán que estás loco. Y te habré jugado una mala broma.	And they'll think you're crazy. I will have played a nasty trick on you...
103	Y rió nuevamente.	And he laughed again.
104	— Es como si, en lugar de estrellas, te hubiera dado un montón de pequeños cascabeles que saben reír...	"It'll be as if I'd given you, instead of stars, lots and lots of little bells that can laugh..."
105	Y rió nuevamente. Luego, volvió a ponerse serio:	And he laughed again. Then he became serious again:
107	— Esta noche... Ya sabes... No vengas...	"Tonight... you know... don't come."
108	— No te abandonaré.	"I won't leave you."
109	— Parecerá que sufro... Acaso parecerá como que muero. Así es. No vengas a ver. No vale la pena...	"I'll look as if I'm in pain... I'll look a bit like I'm dying. It's like that. Don't come to see that. It's not worth it..."
112	— No te abandonaré.	"I won't leave you."
113	Pero estaba ansioso.	But he was worried.
114	— Cuando digo esto... También es por la serpiente.	"I'm telling you this... it's also because of the snake. He mustn't bite you... Snakes are mean. They can bite you just for fun..."
115	No quiero que te muerda... Las serpientes son malas. Pueden morder porque les da la gana...	

118	— No te abandonaré.	"I won't leave you."
119	Pero algo lo tranquilizó.	But something reassured him:
120	— Es cierto que ya no tienen veneno para la segunda mordedura...	"It's true that they have no poison left for a second bite... "
121	Esa noche no lo vi ponerse en marcha. Se escapó sin hacer ruido. Cuando logré alcanzarlo, caminaba decidido, con paso rápido. Solamente me dijo:	That night I didn't see him set out. He got away without making a sound. When I managed to catch him up, he was walking along determinedly, at a brisk pace. He said only:
125	— ¡Ah! Estás aquí...	"Oh! You're here..."
126	Me tomó de la mano. Pero se preocupó nuevamente.	And he took me by the hand. But he was still worrying.
128	— Hiciste mal. Sufrirás. Pareceré muerto y no será cierto...	"You have been wrong. You'll suffer. I'll look as if I'm dead, and that won't be true..."
131	Yo guardaba silencio.	I kept silent.
132	— Entiendes. Es demasiado lejos. No puedo llevarme este cuerpo. Es demasiado pesado.	"You understand. It's too far. I can't carry this body with me. It's too heavy."
136	Yo guardaba silencio.	I kept silent.
137	— Pero será como una vieja cáscara abandonada. No son tristes las viejas cáscaras.	"But it'll be like an old abandoned shell. There's nothing sad about old shells..."
139	Yo guardaba silencio.	I kept silent.
140	Perdió el valor una nada. Pero hizo un nuevo esfuerzo:	He got a bit discouraged. But he made one more effort:
142	— Será agradable ¿sabes? Yo también miraré las estrellas. Todas las estrellas serán pozos con una polea oxidada. Todas las estrellas me darán de beber...	"It'll be nice, you know. Me too, I'll look at the stars. All the stars will be wells with a rusty pulley. All the stars will pour water for me to drink..."
146	Yo guardaba silencio.	I kept silent.
147	— ¡Será tan divertido! Tendrás quinientos millones de cascabeles; yo tendré quinientos millones de fuentes...	"It'll be so much fun! You'll have five hundred million little bells, and I'll have five hundred million springs..."
149	Y guardó silencio también porque lloraba.	And then he too was silent, because he was crying.
150	— Es ahí. Déjame avanzar solo.	"It's here. Let me take a step by myself."
152	Se sentó porque tenía miedo. Dijo de nuevo:	And he sat down because he was afraid. He continued:

154	— ¿Sabes...? Mi flor... ¡Yo soy el responsable!	"You know... my flower... I'm responsible for her.
155	¡Es tan débil! Es tan inocente. Tiene cuatro pobres espinas para protegerse contra el mundo...	And she's so weak! And she's so naïve! She has four thorns, of no use at all, to protect her against the world..."
158	Yo me senté porque ya no podía mantenerme de pie. Dijo:	I sat down because I was wasn't able to stand anymore. He said:
160	— Así que... Esto es todo...	"There... that's everything..."
161	Vaciló todavía un poco, y luego se levantó. Dio un paso. Yo no podía moverme.	He hesitated a little more, and then stood back up. He took a step. I couldn't move.
164	No hubo más que destello amarillo cerca de su tobillo.	There was nothing but a yellow flash close to his ankle.
165	Se quedó inmóvil un instante. No gritó. Cayó suavemente como cae un árbol. No hizo ruido siquiera, a causa de la arena.	He remained motionless for a moment. He didn't cry out. He fell gently, as a tree falls. It didn't even make any sound, because of the sand.

Capítulo XXVII

1 Y ahora, claro, hace seis años ya... Aún no he contado esta historia jamás. Los compañeros que me volvieron a ver se pusieron muy contentos de volverme a ver vivo. Estaba triste, pero les decía: "Es el cansancio..."

5 Ahora he encontrado un poco de consuelo. Es decir... No del todo. Pero sé que regresó a su planeta, ya que, al amanecer no encontré su cuerpo.

8 No era un cuerpo tan pesado... Y me gusta escuchar las estrellas por la noche. Es como si quinientos millones de cascabeles...

Chapter XXVII

And now of course, it's already been six years... I had never yet told this story. The companions who saw me again were very happy to see me alive again. I was sad, but I told them: "It's because I'm tired..."

Now my sorrow is comforted a little. I mean... not entirely. But I do know that he got back to his planet, because at daybreak I didn't find his body. It wasn't a very heavy body... And I love to listen to the stars at night. It's just like five hundred million little bells...

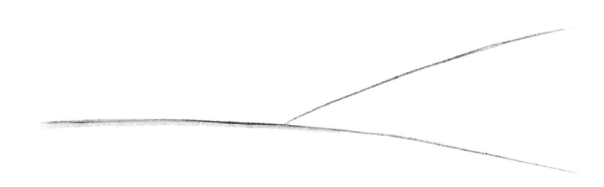

11 Pero he aquí que sucede algo extraordinario.
12 El bozal que dibujé para el principito ¡olvidé añadirle la correa de cuero! No habrá podido amarrársela nunca a la oveja. Entonces me pregunto: "¿Qué sucede en su planeta? Quizá la oveja se comió la flor...".

16 A veces me digo: "¡Seguro que no! El principito encierra su flor todas las noches bajo su campana de vidrio, y vigila bien a su oveja...". Entonces soy feliz. Y todas las estrellas ríen dulcemente.

20 A veces me digo: "Uno se distrae a veces y ¡con eso basta! Olvidó, una noche, la campana de vidrio, o bien la oveja salió sin hacer ruido durante la noche...". ¡Entonces los cascabeles se convierten en lágrimas...!

But there is something extraordinary thing going on. The muzzle that I drew for the little prince, I forgot to add the leather strap to it. He would never have been able to fasten it to the sheep. So I wonder: what happened on his planet? It may well be that the sheep ate the flower...

Sometimes I tell myself: "Surely not! The little prince encloses his flower every night under her glass dome, and he watches over his sheep carefully..." Then I'm happy. And all the stars laugh sweetly.

Other times I tell myself: "Everyone is absent-minded at some point, and that's all it takes! One evening he would have forgotten the glass dome, or maybe the sheep got out quietly during the night..." And then all the little bells turn into tears...

23	Es un gran misterio. Para ustedes que también aman al principito como yo, nada en el universo es igual si en alguna parte, quien sabe dónde, una oveja que no conocemos se comió, sí o no, una rosa.	Herein lies a great mystery. For you, who also love the little prince, like for me, nothing in the universe is the same if somewhere, we don't know where, a sheep that we don't know has – has it? – eaten a rose…
25	Miren el cielo. Pregúntense: "¿Sí o no, la oveja se comió la flor?" Y verán cómo todo cambia.	Look at the sky. Ask yourselves: Has the sheep – yes or no – eaten the flower? And you will see how everything changes…
28	Y ninguna persona mayor entenderá nunca que esto tenga tanta importancia.	And no grown-up will ever understand that this has such importance!
29	Éste es para mi el más bello y el más triste paisaje del mundo. El mismo paisaje que el de la página anterior, pero lo dibujé una vez más para que lo vean. Aquí es donde el principito apareció sobre la Tierra, y luego desapareció.	This is, to me, the most beautiful and the most sad landscape in the world. It's the same landscape as the one on the previous page, but I have drawn it one more time to show it to you properly. It's here that the little prince appeared on Earth, and then disappeared.
32	Miren con atención este paisaje a fin de estar seguros de reconocerlo, si algún día viajan por África, por el desierto. Y si pasan por ahí, les suplico que no se apresuren, que esperen un poco exactamente bajo la estrella.	Look at this landscape carefully, so as to be sure to recognise it if one day you travel in Africa, in the desert. And if you happen to pass by there, I beg you, don't hurry on, wait a while exactly under the star.
34	Si entonces un niño se les acerca, si ríe, si tiene los cabellos de oro, si no contesta cuando le hacen preguntas, adivinarán quién es. Entonces ¡sean buenos!	If a child then comes to you, if he laughs, if he has golden hair, if he doesn't respond when questioned, you will easily guess who he is. So, be kind!
36	No me dejen tan triste: escríbanme enseguida que él ha regresado…	Don't leave me this sad: write to me quickly that he's back…